入門 ハワイ・真珠湾の記憶

もうひとつのハワイガイド

矢口祐人
森茂岳雄　著
中山京子

明石書店

まえがき

　本書は、主に日本の高校生、大学生や一般の読者にハワイや真珠湾について多様な視点からより深く知ってもらうことを目的に書かれました。

　みなさんは、ハワイや真珠湾と聞いて何を思い浮かべるでしょうか。ハワイという言葉でイメージされるのは、リゾート、楽園、ビーチ、常夏といった観光にまつわる楽しく、明るいイメージでしょう。一方、真珠湾という言葉でイメージされるものは、戦争、奇襲、軍の基地といった第二次世界大戦にまつわる暗い記憶ではないでしょうか。

　本書は、このようなステレオタイプなハワイや真珠湾のイメージをとらえ直し、多様な視点からハワイや真珠湾について考えていただきたいと編集されました。歴史・地理等、社会事象を多様な視点からとらえることは批判的で合理的な社会の見方を育てる上で大事なことであると考えたからです。

　本書は、2005年8月、ホノルルの東西センター（East-West Center）に日米の中学・高校の社会科系教師38人が集まって真珠湾の記憶を日米の多様な視点からとらえ直し、どう教えるかをめぐるワークショップがきっかけになって誕生しました。東西センターは、合衆国とアジア太平洋諸国の相互理解と連携を強めることを目的に、1960年合衆国議会によって設立された教育・研究機関です。

　「歴史と記憶：真珠湾をめぐる多様な物語」と題したこの教員ワークショップでは、参加者は真珠湾攻撃に関係する史跡やアリゾナ記念館への見学の他、生存者等の当時の個人の記憶を生の声として聞いたり、日系人や先住民にとっての「真珠湾」はなんであったかについての講義を受けたりして、多様な視点から歴史としての「真珠湾」について考えました。そして、ディスカッションを通して日米の教師が協同、連携してプロジェクトを立ち上げ、その後日米間で双方向的な授業実践が行われました。著者の3人はそのワークショップに日本側スタッフとして参加しました。その時、若い世代や教師が読むことができるハワイや真珠湾に関する適当な図書があったらということが話されました。本書は、このような要請に応えてアメリカ研究、ハワイ研究を専門とする矢口と国際理解教育、社会科教育を専門とする中山、森茂の

共同作業によって作られました。

　本ワークショップに講師として参加した歴史家エミリー・ローゼンバーグ（Emily S. Rosenberg）氏は、「パールハーバー」という用語は、「第二次世界大戦後のアメリカ人の生活において、最も強力で感情に訴えかける象徴の一つであり続けている」（『アメリカは忘れない――記憶の中のパールハーバー――』2007年）と述べています。それに対し、私たち日本人にとって人々の感情を揺り動かす象徴は、今も「ヒロシマ」であり、「ナガサキ」です。それは当然のことですが、国家が創り出す「記憶」とそれを伝える歴史教育の内容の違いによっています。また、ある歴史事象に対する「記憶」は国家によって異なるとともに、個人によっても異なっています。本書を通して、読者の中に多様なハワイや真珠湾についての認識が生まれて下さるなら幸いです。

　本書は、原則として見開き2ページで一つの項目が読めるよう簡潔な記述に努めました。どうぞ興味のある項目からお読み下さい。文章中の他の項目と関連ある箇所については、クロス・リファレンス（▶）で関連するページを示しました。途中でそこに飛んで読んでいただいてもかまいません。さあ、本書を片手にもう一つのハワイや真珠湾を発見して下さい。

　本書のきっかけとなったプロジェクトは、全米人文科学基金（National Endowment for the Humanities）の資金援助のもと、東西センターと太平洋歴史公園協会（Pacific Historical Parks）が合同で主催したもので、2009年まで5年間に渡って行われた。本書の出版のきっかけを作って下さった、東西センターアジア太平洋教育プログラムのディレクター、ナムジ・スタイナマン（Namji Steinemann）、「あとがき」を寄稿して下さった同センター上級研究員でハワイ大学教授のジェフリー・ホワイト（Geoffrey White）、国立公園局のUSSアリゾナ記念館の歴史家ダニエル・マルチネス（Daniel Martinez）の各氏に感謝申し上げます。また、本書の編集・出版に際して明石書店の法月重美子さんに大変お世話になりました。記して感謝申し上げます。

　　　著者を代表して

　　　　　　　　　　　　　　　　　　　　　　　　　　　森茂　岳雄

もくじ

まえがき　森茂岳雄　2

Ⅰ部　真珠湾へのアプローチ

1　真珠湾の地理　6
2　1941年12月7日の真珠湾　8
3　真珠湾攻撃直後の報道　12
4　ハワイ先住民にとっての真珠湾　14
5　日系人にとっての真珠湾　16
6　真珠湾と映画　18
7　真珠湾の死者を追悼する──USSアリゾナ・メモリアル　20
8　真珠湾を訪れる人びと　22
9　真珠湾をめぐる大統領のスピーチ　24
10　日本の教科書の中のハワイと真珠湾　28

Ⅱ部　真珠湾のメモリー

1　日系部隊に参加した兵士　エド・イチヤマさん　32
2　戦艦ペンシルヴァニア号船上で　エヴェレット・ハイランドさん　34
3　軍事情報局からGHQへ　ソウジロウ・タカムラさん　36

Ⅲ部　イントロダクション to ハワイ

1　ハワイってどんなところ？　40
2　ハワイの日系人　42
3　タパからアロハまで　44
4　ハワイを食べる　46
5　ハワイアンを聴こう　48
6　ボン・ダンスシーズンがやってきた　50
7　日系人墓地を歩く　52

おわりに　ジェフリー・ホワイト　54
ハワイ・真珠湾関連年表　56
真珠湾攻撃・ハワイをよりよく知るための参考文献　57

I部　真珠湾へのアプローチ

USSアリゾナ・メモリアル

１．真珠湾の地理

　ハワイは西のクレ島から東のハワイ島まで、距離にして2700キロにわたる一連の島々を指す。このうち今日、人が住むのはカホオラヴェ島を除く東端の７島である (P.40地図参照)。真珠湾（パールハーバー）は州都ホノルルがあるオアフ島に位置している。州の行政と経済の中心地であるオアフ島にはハワイ州の人口の約75％が集中しており、軍事施設も多い。日本からの距離は約6200キロ。アメリカ西海岸からは約3800キロ、東海岸からは約8000キロだから、真珠湾には東京の方がニューヨークや首都ワシントンからより近い。
　真珠湾はホノルル市と同様、オアフ島の南岸にある。ホノルル市内からは高速道路を使って20キロほどで、バスなら50分ほど、レンタカーやタクシーなら30分もかからないでたどりつける。
　オアフ島にはほぼ南北に縦断するワイアナエ山脈とコオラウ山脈があり、真珠湾は両山脈が島の中央で向かい合う谷間に面するかたちで広がる。幅約360メートル、水深約15メートルの狭い入口から入ると、湾は扇状に広がっている。ハワイを訪れる欧米人は早くからここは理想的な港になると注目していた。1873年、まだハワイ王朝の時代に、アメリカのジョン・スコーフィールド将軍が秘かにハワイを調査し、アメリカ合衆国政府に真珠湾は軍港とするにふさわしいと報告をしている。そして1898年にアメリカがハワイを併合すると (▶14)、やがて本格的な工事が開始され、第一次世界大戦が終了する頃にはアメリカ随一の軍港となった。湾内に浮かぶフォード島も軍事目的に転用された。さらに周辺の陸地一帯も軍事施設へと変容し、ヒッカム基地、エヴァ基地が設けられ、アメリカ海軍の太平洋艦隊総司令部も置かれた。
　実は「真珠湾攻撃」と呼ばれる日本の奇襲は、真珠湾だけではなく、これら周辺一帯の軍事基地すべてに対する攻撃だった（加えて日本軍はオアフ島の中央にあるスコーフィールド陸軍基地やホイーラー陸軍基地、北東にあるカネオヘの海兵隊基地やベローズ陸軍基地も攻撃している）。当時の日本の海軍は、アメリカ政府がオアフ島の広範囲にわたって軍備増強をもくろんでいることを把握していた。オアフ島の北側から飛んできた日本の攻撃陣は、

真珠湾内に浮かぶ130ほどの海軍の船舶のみならず、島内の各基地にある航空機、格納庫、武器庫などを激しく攻撃したのである。

一方、基地から離れて住む一般市民も日本軍の攻撃を目撃した。その多くはホノルル市内の上空を、日本軍の飛行機が真珠湾方面に向かって飛んでいるのを見た人びとである。また市内の高台からは西の真珠湾方面に黒煙がもくもくと上がるのが見えたという。ホノルルの住宅街は日本軍の攻撃目標に含まれていなかったが、流れ弾や対空砲の犠牲となって命を落とした市民もいた（▶13、36）。

今日の真珠湾周辺は軍事施設が集中する一方で、ホノルルのベッドタウンとして人口が急増している。パールシティやワイパフと呼ばれる隣接地域では新しい住宅地が続々と開発され、不動産価格も急騰している。ホノルルとの境界も以前ほど明確ではなくなった。とはいえ美しいビーチやショッピングなどの「楽園」イメージが強調されるワイキキなどの観光地区と比べると、軍事施設が集中する真珠湾一帯はやはり別世界の雰囲気がある。

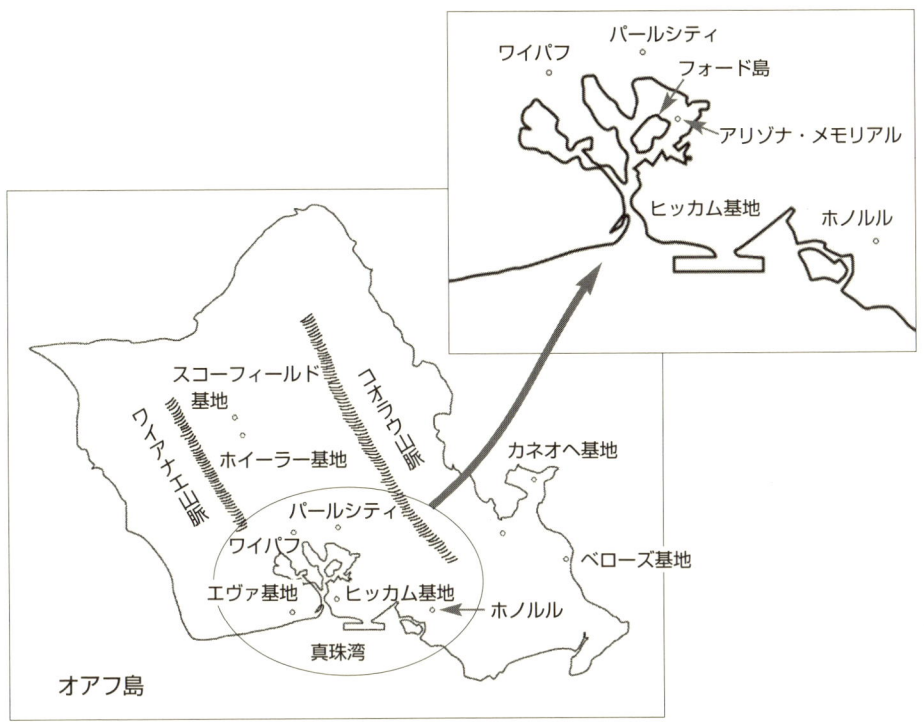

2．1941年12月7日の真珠湾

　日本海軍の連合艦隊機動部隊による真珠湾攻撃はハワイ時間の1941年12月7日の午前7時55分（日本時間12月8日午前3時25分）に開始された。真珠湾上空までたどり着いた淵田美津雄中佐が、ハワイの北方の海上で待つ艦隊に「奇襲に成功」を意味する「トラトラトラ」（▶19）を打電し、一気に日本軍は爆撃を開始した。

　攻撃をまったく予想していなかったアメリカ側は大混乱に陥った。7日は日曜日の朝ということもあり、アメリカの兵士たちは寝坊をしたり、教会に行ったりなどで、まったく戦闘体制にはなかった。日本軍は第一陣（183機）と第二陣（167機）にわかれてオアフ島の各地にある軍事基地に襲いかかった。真珠湾上空では、水深の浅い真珠湾用に改良した魚雷を次々と投下していった。

　約2時間にわたって続けられた攻撃により、アメリカ軍は大きな被害を受けた。その日、アメリカ海軍太平洋艦隊の中核をなす戦艦9隻のうち、8隻が

真珠湾へ出撃する直前、空母赤城に並ぶ戦闘機

炎上する戦艦アリゾナ号

真珠湾にあった。このうちオクラホマ号は爆撃を受け横転し、400人以上が艦内に閉じ込められ、犠牲となった。攻撃開始後約15分の8時10分には、戦艦アリゾナ号（▶20、22）に爆弾が落ち、艦前方の火薬庫に引火し大爆発が起こり、1177名の命が一瞬にして失われた。炎上するアリゾナ号の黒煙は一気に空を覆い、日本軍のその後の攻撃を困難にするほどだったと言う。他にもカリフォルニア号やウェストヴァージニア号など、アメリカ海軍の重要な戦艦が大きな損害をこうむった。

　アリゾナ号の乗組員を含め、当日の攻撃で死亡したアメリカ人は一般市民49名を含めて2390名にのぼった。海上には無数の死体が浮かび、地獄絵のようだった。あまりの重傷患者の数に、病院は治療すらままならない状況だった。戦艦を含め12隻の船が沈没、座礁し、164の航空機が破壊された。基地内の建物も数多く破壊された。アメリカ太平洋艦隊総司令官のハズバンド・キンメルはこの恐るべき惨状を見て呆然とするしかなかった。

　いっぽう日本側は64名の兵士を失っている。アメリカ軍の反撃により撃墜された者もいたし、湾内に侵入した特殊潜航艇の中で戦死した兵士もいた。

戦艦アリゾナ号、数日後

これは決して少ない数値ではなかったが、アメリカ側の損失と比較するときわめて軽微であり、真珠湾攻撃は軍事戦略として稀にみる成功であった。

この成功の要因は、山本五十六(いそろく)連合艦隊司令長官（▶19、25)の指揮下で日本側が周到な準備を続けてきたことに加え、アメリカ側が真珠湾攻撃をまったく予想していなかったからでもあった。日本による真珠湾攻撃計画を、当時の大統領フランクリン・ルーズヴェルト（▶24）は事前に知っていたと主張する歴史家もいるが、その説は今日まで立証されていない。確かに当時の日米関係は非常に緊張していた。中国や東南アジアへの日本の侵略に抗議するアメリカは、日本に対して在米資産の凍結や石油などの重要物資の禁輸など、強い姿勢で臨んでいた。いっぽう日本では軍部の力が増大し、日米対話を重視して妥協をはかろうとする意見は抑えこまれていた。双方の政府とも平和的解決の糸口はきわめて限られており、戦争は避けられない状況にあると考えていた。

実は日本の外務省の電信を傍受し、暗号を解読していたアメリカ政府は、12月に日本軍の攻撃があることを予想していた。しかし当時アメリカ領であったフィリピンなど、東南アジア方面を想定しており、ハワイであるとは夢にも思っていなかったようである。日本の艦隊はすでに11月26日に北海道沖の択捉島(えとろふ)からハワイに向けて出港していたが、そのことにアメリカは気づいていなかったし、日本側もその動きが知られないように細心の注意を払っていた。アメリカ政府の中枢にも、ましてやハワイに住む人びとには、12月7日のハワイ上空に日本の航空機が到来するなどという思いはまったくなかった。日本がそれほど大胆不敵な作戦を敢行できるとは想像すらしていなかったのである（▶22）。

アメリカの裏をかいた真珠湾攻撃は大いに成功したものの、日本にとって想定外だったのは、アメリカに対する宣戦布告が予定より遅れてしまったことだった。日本の野村吉三郎大使と来栖(くるす)三郎大使が、

引き上げられた日本海軍の特殊潜航艇

首都ワシントンでコーデル・ハル国務長官に日本政府からの最後通牒を手渡したのはワシントンの午後2時20分、ハワイ時間の午前8時50分だった。攻撃が開始されて55分を過ぎており、すでに真珠湾は火の海、血の海となっていた。

　本来、この最後通牒はハワイ時間の午前7時半(ワシントン時間の午後1時)に渡される予定だった。なぜ大使館からの通告が遅れたかについては諸説があり、今日まで論争が続いている。しかし理由は何であれ、この遅延はアメリカ政府に「日本はアメリカを欺いたのだ」と批判するための格好の材料を提供することとなった。日本人は平和工作をしていると見せかけながら、裏で攻撃の準備を続け、宣戦布告すらせずに多数のアメリカ人の命を奪う信頼できない国民であるというイメージがアメリカで広まってしまった。不正直で狡猾な敵の攻撃を受けたこの「汚名の日」(date of infamy) (▶ 13、25) を忘れず、正義の力をもって戦おうと呼びかけるルーズヴェルト大統領に応えて、厭戦気分が強かったアメリカ社会の士気は一気に高まった。

　真珠湾攻撃は軍事戦略として成功したとはいえ、アメリカの戦意を高揚させたという点では大失敗だった。そもそも奇襲の目的はアメリカ軍を一気に叩いて、アメリカ人の戦意を失わせることだった。ところが日本による「だまし討ち」に怒ったアメリカ人は「リメンバー・パールハーバー」を合言葉に、日本と戦うために一致団結したのだった。軍事力や経済力で圧倒的に勝るアメリカを本気にさせた真珠湾攻撃は、その後4年近くも続き、無数の死者を出すことになる太平洋戦争における、最初で最後の日本の大勝利であった。

3．真珠湾攻撃直後の報道

　日米開戦は日本とアメリカでどのように報じられたのだろうか。
　大本営陸海軍部が「帝国陸海軍は今8日未明西太平洋において米英軍と戦闘状態に入れり」と発表したのは真珠湾攻撃開始から約2時間半後の12月8日午前6時だった。同日の午後1時には海軍が「帝国海軍は本8日未明ハワイ方面の米国艦隊並びに航空兵力に対し決死的敢行」をしたこと、さらにイギリスの砲艦を上海で「撃沈」し、シンガポール、ダバオ、グアム、ウェーク島などにある「敵軍施設」を爆撃したことを国民に知らせた。
　軍部の発表にもとづく12月9日付新聞の第一面は、日本がアメリカとイギリスに宣戦布告をしたことを報じるとともに、海軍航空隊を意味する「海鷲(うみわし)」（▶18、19、29）が「ハワイを爆撃」し、「甚大」な被害をもたらしたことを大々的に報じた。これらの情報は軍部の発表と外国の通信社の報道から得たものだった。
　各新聞は攻撃を熱狂的に歓迎し、「一億同胞、戦線に立つものも、銃後を守るものも、一身一命を捧げて決死報国の大義に殉じ」なければならないと国民に説いた。さらにハワイの奇襲は「緒戦において先づ敵の心臓を寒からしめたばかりではなく」「米国の今後の作戦を極めて不利な条件下に立たしめる」ものであると歓迎していた。
　当時の新聞は検閲を受けており、軍に批判的な記事は掲載できなかった。とはいえ開戦直後の報道は非常に血気盛んで熱狂的だ。無謀な戦争に突入したという感じはまったくなく、日本がついに「太平洋の覇者」となったと大喜びしている。
　いっぽうアメリカの新聞も開戦の報道で一色だった。『ニューヨーク・タイムズ』紙の第一報は12月8日で、「日本がアメリカとイギリスと戦う——ハワイを突如として攻撃、海上で激戦が報じられる」と伝えていた。9日の新聞ではルーズヴェルト大統領による演説（▶24）が紹介され、議会が開戦の決議をしたことが報じられている。
　攻撃直後のアメリカの主要紙の論調は、一般に日本ほど激しく熱烈ではな

かった。アメリカ本土の新聞にとって、これは大事件には違わなかったが、ハワイやアジアでの出来事はそれほど切迫したものではなかったのかもしれない。あるいは突然の敗北を冷静に受けとめようとしていたのかもしれない。いずれにしろ最終的にはアメリカが負けるわけはない、という気概が感じられる。攻撃の翌週に発行された雑誌『ニューリパブリック』は、真珠湾奇襲が「素晴らしい」作戦であったと表現する余裕さえあった。同時にこれは望みを失った敵による狂気の沙汰から生まれた行為に過ぎず、これ以上の規模の攻撃はもはやないはずであり、アメリカは冷静に戦略を練るべきだと主張していた。

『ホノルル・スターブリティン』紙の号外。この時点での死者はまだ「400名以上」であった。

またアメリカでは真珠湾攻撃が宣戦布告より前に始められたことが攻撃直後から強調されていた。「東京はまず行動から始めた」と、日本の奇襲が「だまし討ち」であることが繰り返し指摘された。ルーズヴェルト大統領が述べたように、真珠湾攻撃は日本がアメリカを欺いた「汚名の日」（▶11、25）であった。もちろん、奇襲による「大戦果」に湧く日本の新聞は、宣戦布告の遅れは言及しなかった。

地元ハワイの新聞は真珠湾攻撃をどのように報じたのだろう。攻撃当日の『ホノルル・スターブリティン』紙の号外は、予想もしない攻撃に大きな衝撃と戸惑いを隠せなかった。真珠湾での惨状のみならず、ホノルル市内でも爆弾が炸裂したことを生々しく伝えている（▶7、36、53）。オアフ島で一般市民が少なくとも8名は死亡したとされており（最終的には49名）、「10歳のポルトガル系少女」「フランク・オオニシ29歳」「パトリック・チョン30歳」などと死者のリストが掲載されている。アメリカ本土の新聞は基地の外での被害にはほとんど言及しなかったものの、ハワイの人びとにとって、真珠湾攻撃は自分たちの生活空間への攻撃だったのだ。

新聞報道は「客観的」であると言われる。しかし客観性も社会の文脈のなかで作られる概念であり、後に振り返ると、それがきわめて主観的であることも少なくない。真珠湾攻撃の記述は、そのような「主観的な客観性」を具体的に示している。

4．ハワイ先住民にとっての真珠湾

　欧米人がハワイに来るはるか以前からハワイに住んでいたハワイ先住民（▶41、44、48）は、その起源とみなされる他のポリネシアの島々とも長い間交流を絶ち、独自の文化を築いていた。
　真珠湾はもともとハワイ先住民が「プウロア」と呼ぶ地域で、湾の入口にはカアフパハウというサメの神が住んでいると信じられていた。人びとを敵から守るとともに、豊かな漁場を提供する神だった。かれらはこのカアフパハウをとても大切にしていた。
　実際、プウロアは魚が豊富な地域で、ここには「ロコ・クアパ」と呼ばれる「魚池」も設けられていた。ロコ・クアパでは潮の干満を利用して魚が収穫され、王や貴族に供されていた。
　このようにハワイ先住民にとって「真珠湾」の一帯は神に護られた大切な漁場であり、日々の生活の糧を与えてくれるものであった。
　1810年にカメハメハ1世によって統一されたハワイ王朝は、1893年にアメリカ系の白人住人を中心とするグループの武力蜂起によって崩壊した。その後、1898年にアメリカがハワイを併合すると、まもなく真珠湾の軍港化が始まった（▶6）。多くのハワイ先住民の抵抗もむなしく、浚渫（しゅんせつ）工事や船の建造・修理用のドックの建設が開始された。ところがドックの水は漏れ出し、セメントは何度工事をしても固まらない。ようやく1913年になんとかドックを完成させたものの、今度は謎の爆発で破壊されてしまう。これを見たハワイの先住民はカアフパハウの怒りが工事の妨害をしていると信じ、神をなだめる儀式を行ったという。
　真珠湾の開発はその後も続けられ、今日その一帯は陸軍や海軍の施設が集中する、アメリカの一大軍事拠点となった。湾内には海軍の船や潜水艦が数多く停泊している。上空には戦闘機が轟音をあげて飛び、巨大な原子力空母が入港することもある。多数の船が行き来する真珠湾はひどく汚染されており、アメリカの環境省によって「連邦汚染地区」と指定されるほど、激しい環境破壊が進んでいる。

変わり果てた真珠湾の姿に複雑な思いを抱くハワイ先住民は少なくない。アメリカ国民であるハワイ先住民の多くは、真珠湾近辺の基地が祖国の防衛に必要であると考えている。また基地は多くの雇用を生み出し、ハワイ経済に重要な貢献をしている。1941年12月7日に真珠湾で日本軍と戦ったハワイ先住民にとっては、たくさんの戦友を失った「墓地」でもある。

　しかし同時に真珠湾は、ハワイ先住民がアメリカに自らの土地を奪われたことを物語る場所でもある。魚を豊富にたくわえた「ロコ・クアパ」は残っていないし、釣りを楽しめるところすらほとんどない。山々から湾に向かって流れていた清らかな川は枯れ、埋め立てられ、残された流れも堤防で固められている。アメリカ合衆国の基地となった真珠湾には、幾世代ものハワイ先住民に命の糧を提供してきた「プウロア」の面影はもはやない。大切にしてきたカアフパハウの存在も感じられない。

太平洋戦争勃発前からハワイには多くのアメリカ兵がいた。ハワイ王朝初代王カメハメハ1世像の前でポーズをとるアメリカ海軍の兵士。

　日本軍の攻撃を受けたアメリカはやがて真珠湾の軍港を立て直し、勝利を得たが、ハワイ先住民は真珠湾を取り戻すことはできなかった。いまだに先住民としての権利や保障も十分に勝ち取ったわけでもないと不満を覚えるハワイ先住民は少なくない。アメリカ政府とその軍隊からいつの日か「プウロア」を取り戻そうと活動している人びともいる。

　だからハワイ先住民にとって真珠湾は二重の喪失を意味するものなのだ。かれらにとっての「リメンバー・パールハーバー」とは、1941年12月7日の日本軍の奇襲を忘れないというだけではなく、それよりはるか以前に起こったハワイ王朝の崩壊と「プウロア」の消失を忘れないことを指す。このようにハワイ先住民の視点からの真珠湾を考えることも覚えておく必要があるだろう。

5．日系人にとっての真珠湾

　ハワイに日本から最初の移民が渡ったのは1868年だった。1880年代半ば以降、その数は急増し、22万人にのぼったと言われている（▶28、42、45、50、52）。その大半はハワイのサトウキビ農場で働く男たちだった。かれらの多くは金を貯め、そのうち故郷に戻るつもりだった。しかし農場での仕事は思いのほかきつく、貯蓄もままならなかった。日本に戻ったり、カリフォルニアに渡ったりした者もいたが、ハワイに残った多くの男たちは日本から妻を迎え、家族を持つようになった。ハワイで生まれた子供たちは、移民一世である両親から日本語や日本の風習を学びながらも、アメリカ国籍を持つ「日系アメリカ人」として英語を話し、学校ではアメリカ人としての価値観を教えられていた。

　真珠湾攻撃が始まる頃、ハワイ社会の人口の約4割は日本人移民とその子供たちで占められていた。日本軍による攻撃はかれらに大きな影響を与えた。

　ハワイの日系人コミュニティのなかには、日清、日露、第一次世界大戦と続く日本軍の勝利に誇りを感じている者もいた。しかし自分たちが住んでいるハワイに対する攻撃は喜べるものではなかった。攻撃直後には当然のごとく、日系人へ疑惑のまなざしが向けられた。「日本人は皆スパイだ」「ハワイの水に毒を注入している」「日本軍と協力してハワイを乗っ取るのだ」など、根拠のない噂が巻き起こった（▶36）。アメリカ政府は日本語学校の教師や寺の僧侶、日本の大学の卒業生など、日系社会の指導者とみなされる人を次々と拘束した。ハワイではアメリカの西海岸のように、一世とその子供たちが「敵性外国人」として全員収容所に入れられることはなかったが、拘束された指導者のなかにはアメリカ本土の収容所（▶33、42）に送られた者もいた。

　日系人によるサボタージュ活動を危惧したアメリカ政府は、ハワイに戒厳令を敷いた。民主主義の国であるはずのアメリカで、軍による統治が行われたのである。住人たちには灯火管制や門限が課せられ、検閲や盗聴も行われた。日本軍による新たな攻撃を予想して、住人全員にガスマスクが配られた。

　このような状況のなか、ハワイで生まれた二世の多くは自分たちと家族の

アメリカへの忠誠心を証明するために、アメリカ軍に志願した（▶32、36、42）。かれらはヨーロッパ戦線の激戦地で多数の死者と負傷者を出しながら、アメリカの勝利に大いに貢献することとなった（負傷者のなかには、戦後、アジア系初の連邦上院議員に当選した日系二世のダニエル・イノウエ（▶43）がいた）。ま

多くの日系人が入れられたカリフォルニア州のマンザナー収容所。著名な写真家アンセル・アダムスが撮影した一光景。

た兵士のなかには日本語能力を生かして対日諜報活動に従事し、アメリカ軍に貴重な情報をもたらした者もいた（▶36）。サイパンや沖縄などでは、日本語を話す二世の兵士に説得され、投降して命を助けられた住人も多かった。いっぽう、ハワイに残った日系の住人たちはアメリカの戦債を積極的に購入し、軍を助けるためにボランティア活動に従事した。

しかし、一世のなかには親戚や日本に残っている子供のことなどを思い、苦悩していた者も少なくなかった（▶37）。西海岸の日系アメリカ人の人権を無視する政策を続けるアメリカ政府に強い不満を持つ二世もいた。

真珠湾攻撃は軍事施設を狙った奇襲であったとはいえ、その影響は基地に限られたものではなかった。とりわけハワイで生活を築いていた日本からの移民とその子供たちにとって、攻撃は衝撃的な事件だった。一世にとっては祖国とアメリカの戦争開始を意味していたし、多くの二世にとって、それはアメリカ人としての意識を確認し、父母の国と戦う決意を強いる事件だった。

最後に、ハワイ在住の「日本人」にとっての真珠湾を考える際には、ハワイにいた朝鮮半島出身の約7000名のコリアン系住民のことも考えなければならない。日本が朝鮮を占領していた当時、かれらは日本人とみなされ、戒厳令下で日本人と同じ制限を課された。しかし実際には日本から朝鮮半島が解放されることを願っていた人びとであった。日本の侵略で祖国を奪われたうえ、ハワイでは「日本人」として敵扱いされたかれらの屈辱と怒りも忘れてはならないだろう。

6．真珠湾と映画

　日本にとっては「大成功」、アメリカにとっては「大敗北」であった真珠湾の衝撃は、日米双方で数々の映画の題材となってきた。

　攻撃の翌年、日本では『ハワイ・マレー沖海戦』が公開された。海軍の予科練に入った少年が、厳しい訓練を経て航空隊員となり、ついに真珠湾攻撃に参加する。攻撃の場面では日本の戦闘機がアメリカの戦艦を次々と爆破し、各基地に駐機中の飛行機に攻撃を加える様子が大迫力で再現されている。まるで映画の撮影者が真珠湾攻撃に一緒に参加してきたかのようである。

　攻撃の映像は後にウルトラマンの制作者として有名になる円谷英二によるものだった。実際の攻撃中に撮影された写真をもとに真珠湾のモデルを作り、戦艦や周囲の基地のミニチュアも作り、魚雷が命中したときに上がる水柱の高さまで計算し尽くしたこの映像は、当時としてはきわめて「リアル」なもので、観客を驚かせたと言う。

　1943年になると、今度は子供向けのアニメ映画『桃太郎の海鷲』(▶12、29)が公開される。手塚治虫にアニメの道を進むことを決意させるきっかけになった瀬尾光世監督による映画で、日本最初の長編アニメとしても知られる。桃太郎艦長の指揮下、雉と猿と犬たちが戦闘機に乗り込んで鬼ヶ島（ハワイ）に鬼（アメリカ人）を退治に行く物語だ。鬼は体は大きいがまったく無能な酔っ払いで、日本の攻撃に逃げ惑うばかりだ。

　このふたつの映画は戦争中の士気高揚に使われたもので、多数の観客を動員した。いっぽう、アメリカでも同じように真珠湾を描いた映画が作られていた。

　俳優としても著名なジョン・フォードは1943年に『12月7日』（December 7th）という映画を発表した。実際の映像と特撮を交えて作られたこの映画は、円谷の映像と同様にアメリカで非常に「リアル」なものとして注目を浴び、アカデミー賞ドキュメタリー映画賞を受賞した。

　また『桃太郎の海鷲』同様、アメリカでも真珠湾をテーマにした子供向けアニメがあった。人気キャラクターのポパイが登場する「マヌケなジャップ」

(You're a sap, Mr. Jap) と呼ばれるこのアニメでは、ド近眼でデッパの日本人男性とポパイが戦いを繰り広げる。日本人はときおり「スキヤキ」などという単語を口走りながら、「平和条約を結ぼう」とポパイに近寄る。ポパイが署名をしようと下を向いたとたん、日本の男はポパイを殴りつける。明らかに真珠湾の「だまし討ち」を念頭においたシーンだ。最後の場面で日本の戦艦が爆発して、海に沈んでいくこのアニメは、アメリカの子供たちのお気に入りだった。

戦後になると戦意高揚を意図した映画は当然なくなるが、真珠湾をテーマにした映画は作られ続けてきた。なかでも『トラ・トラ・トラ！』(1970年) (▶8) が有名だ。日米合作のこの映画は、真珠湾攻撃のみならず、そこにいたる歴史的流れも丁寧にたどっている。アメリカ側の監督はロバート・フライシャー、日本側は当初黒澤明が担当することになっていたが、深作欣二と舛田利雄に交代した。日米で公開されたこの映画は、真珠湾攻撃をよく知る専門家からは比較的高い評価を得たが、山本五十六 (▶10、25) を優れた人物として描いており、アメリカでは「日本寄り」という批判も出た。

その他に日本では攻撃の様子を描いた『太平洋の鷲』(▶12、29)(1953年) や『太平洋の嵐』(1960年)、攻撃そのものは描かれないが、真珠湾直前のハワイを舞台にした『ハワイの夜』(1953年) などが作られた。いっぽうアメリカでは2001年に公開されたマイケル・ベイ監督の『パール・ハーバー』が広く知られている。最新のCGを使った攻撃シーンは迫力満点だが、史実にそぐわない面が多すぎるという批判もある。

実際の真珠湾攻撃は2時間程度のものであり、今日の普通の映画と同じくらいの長さだった。しかしそこに至るまでの歴史的経緯、攻撃とその後の影響の全貌はとても1本の映画で描き出すことはできない。今後作られる映画についても、その意義と限界を注意深く考えていく必要があるだろう。

7．真珠湾の死者を追悼する——USSアリゾナ・メモリアル

　今日の真珠湾には第二次世界大戦に関するミュージアムやメモリアル（記念碑）（▶22）が集まっている。戦争中に日本の船舶を数多く撃沈した潜水艦ボウフィン号、日本が東京湾で無条件降伏に調印した戦艦ミズーリ号（▶37）、戦闘機を展示する航空博物館。なかでも有名なのは戦艦アリゾナ号を記念するUSSアリゾナ・メモリアルである（USSとはUnited States Shipの略称）。毎年150万ほどの人が訪れるこのメモリアルは、ハワイで最多の来館者数を誇る史跡である。

　アリゾナ号（▶9）は1941年12月7日に真珠湾に停泊していた戦艦で、日本軍の攻撃により火薬庫が引火して大爆発を起こした。一瞬にして1177名の兵士の命が失われ、湾内でいちばん多くの犠牲者を出した船であった。

　戦争中、アリゾナ号は海に沈んだままで、引き上げられることはなかった。戦後になっても引き上げ作業は行われず、むしろ海底に眠らせたままにして、真珠湾攻撃を忘れないための記念碑にしようということになった。1950年代後半になると計画が本格化し、人気歌手のエルヴィス・プレスリーなどが資金集めに協力し、1960年からメモリアルの建設が始まった。

USSアリゾナ・メモリアル

　メモリアルの設計者はアルフレッド・プライスというオーストリア系アメリカ人の建築家だった。真珠湾攻撃がきっかけでアメリカが第二次世界大戦に参戦すると、彼は日系アメリカ人（▶16）と同じように「敵性外国人」として一時拘束されたことがあった。プライスにとってアリゾナ・メモリアルの設計は、アメリカへの愛国心と忠誠心を証明するチャンスでもあった。

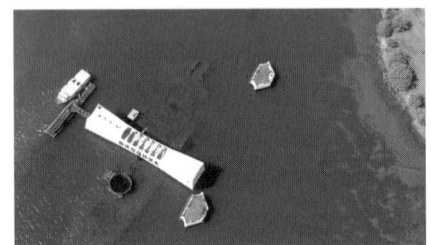

メモリアルは海中に沈んだアリゾナ号をまたいで浮かんでいる

1962年に完成したメモリアルは長さが約60メートルで、海中のアリゾナ号には触れず、直角にまたぐように建っている。両脇が高くなり、中央が沈んでいる。内側は空洞になっていて、中からアリゾナ号を見下ろせるような設計だ。

メモリアルの壁には当日命を落とした兵士の名が刻まれている

　入り口と逆側の壁には当日アリゾナ号で死亡した兵士の名が刻まれている。肩書き順や人種別ではなく、アルファベット順に名前が並んでいる。兵士に敬意を表して、美しい花のレイを置いていく人も少なくない。

　壁に向かって左前方には小さな台座があり、そこにも名が刻まれている。アリゾナ号の兵士で12月7日の攻撃を生き延びた者が、死後昔の仲間といっしょに船内に埋葬されることを望んだ場合、ここに名前が記されるのだ。その場合、海軍による送別の儀式の後、遺骨は海中のアリゾナ号の内部にダイバーの手により安置される。

　メモリアルができて18年後の1980年、対岸にビジターセンターが作られた。来館者はまずここにあるミュージアムや映画館で真珠湾攻撃に関する基礎知識を学んだ後に、船に乗ってメモリアルに向かう。またビジターセンターにはギフトショップがあり、真珠湾攻撃に関する書籍やグッズも人気だ。岸辺には当日の攻撃の様子を描いたパネルや、命を落としたすべての兵士と一般市民の名が記された碑が並んでいる。

　USSアリゾナ・メモリアルとビジターセンターはアメリカの内務省に属する国立公園管理局（National Park Service）とアメリカ海軍（Navy）、加えて民間のアリゾナ・メモリアル・ミュージアム協会（Arizona Memorial Museum Association）の三者が共同で運営している。また真珠湾攻撃を体験した兵士や民間人などがボランティアとして来館者の案内を行うことで、ミュージアムの運営に大いに貢献している。実際に真珠湾攻撃を体験した人びとの思い出は印象深いものだが、近年ではこれら「体験者」（▶32、34、36）の高齢化が進み、数が非常に少なくなってしまった。攻撃の体験をした人びとの後の世代が、どのようにして真珠湾の記憶を受け継ぎ、語っていくかが、今後の課題である。

8．真珠湾を訪れる人びと

　真珠湾攻撃で爆発した戦艦アリゾナ号（▶9）に捧げられたUSSアリゾナ・メモリアル（▶20）とそのビジターセンターには年間約150万もの人が来館する。ハワイに来る観光客の総数の20～25％が訪れる計算になる。
　来館者の大半はアメリカ本土から来る。かれらにとってアリゾナ号は太平洋戦争の始まりを意味するだけではない。この海に沈む戦艦は1177名もの兵士が一瞬にして命を落とした聖地であり、墓地でもある。国のために命を捧げた兵士たちを追悼する神聖な場所である。アリゾナ号はアメリカの自由と民主主義を、命をかけて守ることの大切さを示している。
　同時に多くのアメリカ人にとって、アリゾナ号は国防の重要性を物語っている。日本の攻撃が成功したのは、ワシントンの連邦政府が十分な情報を得ることができなかったことに加え、ハワイでの防衛体制に不備があったからだと考えられている。真珠湾攻撃が始まる数時間前に日本の特殊潜航艇が湾内で発見されていたにもかかわらず、軍はその意味を十分に理解できなかった。日本軍の飛行機がレーダーに映っても、責任者は味方の航空隊だと誤解してしまった。クリスマスの近い日曜日の朝に、日本が突然ハワイに攻撃をしかけてくる可能性を、アメリカ側は想像できなかった。世界情勢が緊迫するなか、アメリカの防衛体制は適切に機能していなかったのである（▶10）。
　したがって「リメンバー・パールハーバー」とは単に「だまし討ち」をした日本人の卑劣さを忘れるなという掛け声ではなく、国を守ることの大切さを覚えておこうという合言葉なのだ。
　2001年9月11日にニューヨークや首都ワシントンなどで起こった同時多発テロの直後、アメリカ人の多くは「9.11」を真珠湾になぞらえた。テロは「第二の真珠湾だ」と繰り返されたのである。日本人の多くはこの比較に抵抗感を覚えた。真珠湾攻撃は国と国との戦争の始まりであり、不特定多数の一般市民を狙ったテロ組織の犯罪と同義ではないという反論がなされた。しかしアメリカ人は単に予想を超えた奇襲という点に共通項を見出したのではなく、改めて国防の重要性を考えるべき時が来たという意味でも真珠湾攻撃

を持ち出したのだった。

　実際、テロ攻撃後はハワイへの観光客数が落ち込むなかで、アリゾナ・メモリアルの来館者数は増加した。「真珠湾を見て、命をかけて自由と民主主義を守る大切さを学ぶ」という声が聞かれたのである。

　いっぽう、ハワイを訪れる日本人にとってアリゾナ・メモリアルは何を意味するのだろうか。日本人は全来館者数の約1割を占めるとされている。かれらがメモリアルを訪れる理由はさまざまだが、大半は真珠湾のことはあまり知らない。ここに来てはじめて攻撃の規模を知り、驚く人もいる。そして多くは12月7日の惨状を知り、「平和の大切さ」を強調する。ここは防衛の大切さを考えるところではなく、二度と戦争は起こしてはいけないという、平和への思いを新たにするところだ。真珠湾攻撃のような「過ち」を繰り返してはいけない、と日本人の来館者の多くは考える。

　アメリカの価値観を守るためには国家の防衛を大切にし、ときには戦争で命を捧げることも必要だとするアメリカ人の意識とは対照的に、アリゾナ・メモリアルを訪れる日本人の多くは「絶対に戦争はいけない」という不戦の気持ちを新たにする。同じ記念碑を前にしても、歴史感覚や文化の違いは日米の来館者の心に異なる思いを生み出している。このような違いをお互いに意識し、分かち合い、理解していくことが、双方のより豊かな歴史認識につながっていくのではないだろうか。

真珠湾攻撃で負傷したエヴェレット・ハイランド氏（▶34）と語る来館者親子

9．真珠湾をめぐる大統領のスピーチ

　真珠湾はアメリカ史上きわめて重要な事件として、歴代の大統領が何人も言及してきた。ここではまず攻撃時の大統領だったフランクリン・ルーズヴェルト（▶10、12）が攻撃の翌日にアメリカの連邦議会で行った演説の一部を見てみよう。

> **Yesterday, December 7, 1941 - a date which will live in infamy - the United States of America was suddenly and deliberately attacked by naval and air forces of the Empire of Japan....**
>
> **It will be recorded that the distance of Hawaii from Japan makes it obvious that the attack was deliberately planned many days or even weeks ago. During the intervening time the Japanese Government has deliberately sought to deceive the United States by false statements and expressions of hope for continued peace....**
>
> **Always will we remember the character of the onslaught against us. No matter how long it may take us to overcome this premeditated invasion, the American people in their righteous might will win through to absolute victory.**

和訳
昨日、1941年12月7日は汚名の日として記憶されることになるだろう。この日、アメリカ合衆国は日本帝国の海軍、および航空部隊によって突然、かつ計画的な攻撃を受けた。ハワイと日本の距離を考えれば、この攻撃が何日、いや何週間も前から慎重に計画されていたことは明らかである。その間、日本政府は平和を継続させたいという嘘の言葉と希望を並べ立てて、アメリカ合衆国を意図的に欺いていたのである。われわれに対するこのような攻撃の性質を忘れてはならない。この計画的な侵略に打ち勝つのにどれほどの時が必要だとしても、アメリカ国民はその正義の力をもって、強く完全な勝利を収めるまで戦うのである。

ルーズヴェルトはこのように強くアメリカ国民に訴えたのである。とりわけ1行目に使われる "a date which will live in infamy"(「汚名の日」)(▶11、13)という表現はアメリカでは今日まで広く知られている。厭戦気分の強かったアメリカ社会はルーズヴェルトの期待に応えて参戦に転じ、卑劣な敵に打ち勝つために続々と若者が軍隊に志願した。こうして、奇襲をしかけてアメリカの戦意喪失を狙った山本五十六連合艦隊司令長官(▶10、19)の目論見は見事に外れてしまう。

1941年12月8日、宣戦布告に署名するルーズヴェルト大統領

次はその50年後の1991年12月7日、真珠湾攻撃50周年記念行事に出席した、当時のジョージ・H・ブッシュ大統領が真珠湾で行った演説の抜粋である(▶35)。

> ....Over 2,000 men died in a matter of minutes on this site, a half a century ago.... On that day of infamy, Pearl Harbor propelled each of us into a titanic contest for mankind's future. It galvanized the American spirit as never, ever before into a single-minded resolve that

9. 真珠湾をめぐる大統領のスピーチ　25

could produce only one thing: victory....

　　As I thought back to that day of infamy and the loss of friends, I wondered: What will my reaction be when I go back to Pearl Harbor? ....

　　Well, let me tell you how I feel. I have no rancor in my heart towards Germany or Japan, none at all. And I hope, in spite of the loss, that you have none in yours. This is no time for recrimination.

　　World War II is over. It is history. We won. We crushed totalitarianism. And when that was done, we helped our enemies give birth to democracies. We reached out, both in Europe and in Asia. We made our enemies our friends, and we healed their wounds. And in the process, we lifted ourselves up.

　　No, just speaking for one guy, I have no rancor in my heart. I can still see the faces of the fallen comrades, and I'll bet you can see the faces of your fallen comrades too, or family members. But don't you think they're saying, "Fifty years have passed; our country is the undisputed leader of the free world, and we are at peace."? Don't you think each one is saying, "I did not die in vain"?

和訳
50年も前、2000人以上もの命があっという間にここで失われてしまった。あの汚名の日、われわれは皆人類の将来をかけて大きな戦いに巻き込まれたのである。アメリカの精神はそれまでにないほど一致団結して、ひとつのこと、つまり勝利に向かって突き進んだのである。今日、真珠湾に来る前、あの汚名の日と命を失った友人を思い起こし、私は思った。いったい私はあの場に立ち何を思うだろうか、と。私の気持ちを伝えよう。私はドイツや日本に対して怨みの気持ちはない。まったくないのである。大きな損害を受けたが、皆さんも同じであることを望んでいる。もはや非難を繰り返す時代ではないのだ。第二次世界大戦は終わった。それは過去の歴史である。われわれは勝利を得たのだ。全体主義に勝利した。勝利の後、われわれは敵が民主国家になるよう援助した。ヨーロッパとアジア両方に手を差し伸べ、傷を癒したのである。その過程でわれわれも優れた存在

となったのだ。ひとりの男として、自分にはもう怨みはない。命を失った仲間の顔は今でも覚えている。ここにいる皆さんも亡くなった仲間や家族のことは忘れていないだろう。しかし死者たちは「50年が過ぎたのだ。われわれの国は自由世界のなかで紛れもなく指導者としての立場を築いた。われわれは安らかに眠っているのだ」「われわれの死は無駄ではなかったのだ」と語りかけているのではないだろうか。

ジョージ・H・ブッシュ大統領はヴェトナム戦争に参加しなかった息子のジョージ・W・ブッシュ大統領とは対照的に、第二次世界大戦では兵士として戦い、負傷している。これはその大統領が、奇襲をしかけた日本に対して半世紀も怒りと怨みを持ち続けてきた多くのアメリカ人兵士に訴えかけたスピーチである。日米貿易摩擦という当時の国際問題を念頭に行われた演説とはいえ、ブッシュ大統領の呼びかけは大きな反響を呼び、これを機に日米間の旧兵士の和解が一気に進んだという。今日、「自分にはもう怨みはない」("I have no rancor in my heart") という演説の一節は、アリゾナ・メモリアルから戻る船上で流され、真珠湾ツアーの最後を飾る言葉となっている。

1991年12月7日、真珠湾で演説するジョージ・H・ブッシュ大統領（共同通信社提供）

10. 日本の教科書の中のハワイと真珠湾

　日本の子どもたちの使用する教科書に「ハワイ」が登場するのは、明治中期である。明治26（1893）年発行の高等小学校用の世界地理教科書『万国地理初歩巻之下』には、「布哇王国」という節を設け次のように記述している。

　「布哇王国ハ即チさんどいち諸島ニシテ、太平洋中に散布セル小群島ナリ、群島中最大ナルモノヲはわい島トス、火山島ニシテ、まうすろあノ高山、常に煙焔ヲ吐ケリ、気候暖熱ニシテ地味沃饒、産物頗多シ、就中甘蔗ノ栽培極メテ盛ナリ、我が国人ノ此処ニ移住シテ、生計ヲ営ム者日々日ニ益々多し、此国近来学校ヲ設ケ、新聞ヲ発行スル等、文化・日進ノ勢アリ、然レドモ移住ノ外国人日ニ増加シテ、土人ハ漸ク減少セリ、首府ヲほのるるトイフ、東洋航海の要路ニシテ、我国ト合衆国トノ間を往来する船、必ズ其地ヲ過グ、カク緊要ノ処ナレバ、我国ヨリ領事館ヲ設ケタリ」

　この記述から、当時ハワイ諸島がサンドイッチ諸島（▶41）と呼ばれていたこと、すでにハワイでサトウキビの生産が盛んだったこと、日本人が移民し（▶16、42）、学校を設け新聞を発行する等の文化活動をしていたこと、日本人以外の移民も増加し先住の人たちが減少していること、ハワイが太平洋航路の重要地点で、日本が領事館を設けていることなどがうかがえる。
　太平洋戦争下の昭和18（1943）年に発行された国定教科書『初等科地理下』では、時代状況を反映して次のような記述がみられる。「元来日本人の数は、ハワイ諸島全体にかけて十六七万人に及び、全人口の約四割を占めてゐる上に、農業・水産業を始め、多くの産業はほとんど日本人の手によって行われてゐますから、ハワイ諸島はいはば日本の島と見ることができるのです」。
　このような戦前の教科書に比べ、現在では、教育内容の削減の中、小中学校の社会科教科書でハワイが取り上げられることはほとんどなくなっている。
　また真珠湾については、太平洋戦争直中の昭和18（1943）年に発行された国定教科書『初等科国史下』には、時代を反映して「大東亜戦争」の項目に

布哇諸島に於けるわが國人の甘蔗の採集
（文部省『高等小学地理書　巻一』東京書籍、大正9年）

次のように述べられている。

　「昭和十六年十二月八日、しのびにしのんで来たわが国は、決然としてたちあがりました。忠誠無比の皇軍は、陸海ともどもに、ハワイ・マライ・フィリピンをめざして、一せいに進攻を開始しました。勇ましい海の荒鷲（▶12、18、19）が、御国の命を翼にかけて、やにはに真珠湾をおそひました。水づく屍と覚悟をきめた特別攻撃隊も、敵艦めがけてせまりました。空と海からする、わが猛烈な攻撃は、米国太平洋艦隊の主力を、もののみごとに撃滅しました。この日、米・英に対する宣戦の大詔がくだり、一億の心は、打つて一丸となりました」

　敗戦直後の昭和21（1946）年にはじめて公式に使用された文部省著作国史教科書『くにのあゆみ下』（国民学校5・6年用）では、「かうしてアメリカとの相談もつひに行きづまつてしまひました。十二月八日の朝、我が国は、ハワイの真珠湾をとつぜん攻撃してから、米・英両国に宣戦を布告しました」というように占領下のGHQによる検閲を反映して短く、事実のみを伝えるものとなっている。
　現在では、ほとんどの中学校の社会科教科書では、「1941年12月8日、日本はハワイの真珠湾を奇襲し、太平洋戦争が始まりました。」というように、「猛烈な攻撃」や「撃滅」という言葉にかわって、「奇襲」という言葉を使って簡単に述べるにとどまっている。

Ⅱ部　真珠湾のメモリー

戦艦アリゾナから回収されたとされる時計（攻撃の時間を示している）とアルバム

1．日系部隊に参加した兵士　エド・イチヤマさん

　イチヤマ家の事を話しましょう。父と祖父は山口県出身で第一次世界大戦の時にハワイに来ました。祖父は日本に戻りましたが、父は床屋として生計をたて、ハワイ生まれの二世の母と結婚し、三男四女の7人の子どもを育てました。だから私は2.5世です。1924年以前に生まれた長兄と次兄はアメリカ市民ですが、一時期山口の祖父の所に行っていました。長兄はハワイに戻り、次兄は日本にいる間に第二次世界大戦が始まりました。長兄はアメリカ空軍に従軍し、次兄は日本海軍に従軍しました。

　12月7日のことを話しましょう。仕事中の事でした。日本の飛行機が頭上を通過し、真珠湾を爆撃していました。私は大急ぎで走って家に戻り何事か確かめようとしました。その日のうちにFBI（連邦警察）が父の家にやって来て、「いつどこで誰が生まれたのか。いつ、なぜハワイにやってきたのか。子どもたちの居場所はどこか」とイチヤマ家のことについて詳細にわたり質問しました。そして父にスパイ容疑がかけられました。日本に次兄がいて、しかも彼は日本海軍兵士だからです。父は苦しみました。長男はアメリカ軍、次男は日本海軍、私はアメリカ軍の第442部隊に入り、長男が所属するアメリカ軍は日本軍を攻撃し、日本軍にいる次男の消息は分からず、私は第442部隊の一員としてイタリア戦線で闘っていたのですから。

　私は差別を2回経験しました。最初は日系人であるということでスパイ扱いされ、それでもアメリカ軍に志願した時です（▶17）。私はハワイの100大隊に配属されました。日系人だけで組織された軍です。他の兵士とは別です。次に、本土の日系兵士と合流して442部隊になり（▶43、47）、ミシシッピにあるシェルビー基地に移動した時に差別を感じました。町では、レストランもバスもトイレも白人（White people）用と有色人（Colored people）用に分れてい

ました。私は白人ではないので有色人用を選ぶと、「そこは黒人用だ」と言われるのです。どちらも利用できず困りました。しかも大人であるにもかかわらず「Hey, boy!」と子ども扱いでした。私たちは一体何者でしょう。とりあえずバスでは白人用と黒人用の間のまん中に座るようにしたものでした。

　戦争中も戦後も私はしばらく次兄が許せませんでした。アメリカ市民なのに、なぜ日本軍に従軍できるのか分かりませんでした。兄は南洋でオランダ人に捕まり、ジャワ島で1年間捕虜になっていました。戦争が終わっても、日本軍として戦争に参加したことを兄がどのように語るのかとても気になっていました。戦後、時間がたって兄と会う時、とても辛い気分でした。パンチボウル（ホノルルにある戦没者兵士の墓）（▶53）でふたりとも苦しかった胸のうちを語り合って涙を流した時、ようやく本当の兄弟に戻れました。

　戦争で勝つ人は誰もいません。誰もです。皆が何かを失います。戦争で何千もの若い兵士がこの世を去りました。何千もの母親たちや残された家族は凍りついたような感情を長く持ち続けなければなりません。

　家族の話に戻りましょう。私の妻も義母も当時西海岸に住んでいたので、「敵性外国人」として強制収容所（▶16, 42）に送られました。日系人であるという理由でアメリカ市民である二世も送られました。1944年に妻の家族はオレゴン州に戻りましたが、日系人への偏見は続いていました。私の父は後に帰化して市民権を得る事になりました。その時、本名のハチジロウではアメリカ人らしくないのでホース（人気テレビキャラクターの名前）やホワキン（床屋時代の常連だったポルトガル人の名前）に名前を変えようかと言いました。馬（ホース）・イチヤマなんておかしいですが、ウイリアムやヘンリーはもっとおかしいと考えました。でも、結局、アメリカ人である事は名前の問題ではありません。心の問題です。父はアメリカ人として誇りをもって人生を終えました。私もアメリカは素晴らしい国だと思います。日系人の強制収容に対し、きちんと謝罪をしたからです。

（英語インタビューを翻訳）

エド・イチヤマの話を聞くアメリカ人教師たち
（東西センターにて、2006年）

２．戦艦ペンシルヴァニア号船上で　エヴェレット・ハイランドさん

　私は1923年にアメリカ北東部のコネチカット州で生まれました。1940年11月に海軍に入隊し、真珠湾攻撃の日には戦艦ペンシルヴァニア号で無線通信技師として勤務していました。主な仕事は艦のアンテナを修繕することでした。

　12月7日の朝、大半の戦艦はフォード島沖にありましたが、私の乗るペンシルヴァニア号は基地内のドックに入っていました。艦の中にいると突然警報がなり、「訓練ではない」というので、慌てて迎撃態勢をとりました。私はまず通信班の仲間とともに船窓を閉めるように指示を受けました。外には日本の飛行機が攻撃を加えているのが見えました。

　その後、今度は対空砲用の弾薬を運ぶよう命じられました。日本軍は二度にわたって攻撃をしてきましたが、最初の攻撃はなんとか免れたのです。艦の両側に爆弾が落ちましたが、私たちは無傷でした。しかし第二陣による攻撃が始まると、200キロ以上もある大型爆弾が私たちのそばに落とされ、大爆発を起こしたのです。爆弾の破片が私の足首、すね、太もも、ひじ、上腕部に突き刺さり、顔と腕と足には大やけどをしました。当時、海軍の制服はＴシャツと半ズボンという粗末なものだったので、すぐに大怪我をしてしまうのです。それでも私は幸運でした。いっしょに働いていた通信班の仲間はほぼ全員が死亡してしまったのですから。

　すぐに怪我の手当てを受けましたが、誰もが「生き延びられやしないだろう」と思うほどひどかったそうです。2週間くらいは意識もほとんどありませんでした。死んでもすぐに身元がわかるようにと、あらかじめ足の指に名札が吊るされていました。それでも9カ月後には退院ができるほどにまでなりました。すると海軍は、今度はすぐにメンフィス号という別の艦に乗るように命じたのです。私の怪我はやけどが主だったので、当時の海軍として

は「表面的な傷に過ぎない」というわけです。結局、第二次世界大戦が終わるまで海軍にいました。

　戦後は学校に入りなおし、その後はネヴァダ州で高校の理科の教師をしていました。そして退職後の1991年、真珠湾攻撃50周年記念行事（▶25）に参加するため、ホノルルへ来たのです。そのとき、今の妻の美代子と会いました。

　群馬県で生まれ育った美代子は、太平洋戦争中には日本からアメリカに向けて飛ばす風船爆弾を作る手伝いをさせられたことを覚えているそうです。冬の寒い中、外で大変な作業だったようです。戦後、紆余曲折をへてハワイに渡り、ホノルルの旅行代理店で働いていました。私がホノルルに行ったとき、たまたま滞在先のホテル内の店で仕事をしていたのです。

若き日のハイランド氏

　美代子と出会った後、私は何度も手紙を書き、気持ちを伝え、そしてハワイに引っ越して結婚することになったのです。いまでは毎年、彼女の実家に帰り、近所の温泉に行くのを楽しみにしています。

　日本との交流は妻との出会いだけではありません。私はアリゾナ・メモリアルでボランティアをしていますが、よく日本からの来館者と話をします（▶23）。若い人たちにもっと来てもらいたいですね。また、1991年以来、真珠湾攻撃に参加した旧日本海軍の兵士たちに会ってきました。なかでもペンシルヴァニア号に爆弾を落としたという人物との出会いが思い出に残っています。食事をしながら、お互いにその時の思い出をいろいろと話し合いましたよ。

　いまだに「日本人が嫌いだ」とか「日本はずるい」というアメリカ人もいますが、もう昔のことですし、戦争は国と国との戦いであり、個人の喧嘩ではないんです。お互い兵士として、命令に従って忠実に職務をこなしていただけですから、個人的な怨みや憎しみはぜんぜんありません。

（英語インタビューを翻訳）

2．戦艦ペンシルヴァニア号船上で　エヴェレット・ハイランドさん　35

3．軍事情報局からGHQへ　ソウジロウ・タカムラさん

　12月7日の朝6時頃、ラナイ島で積荷を降ろして船でホノルル港に戻ったの。それから8時頃、カイルアで野球をする約束をしていて仲間をのせて車で野球場に向かった。
　その時カネオヘの基地にむかって空軍機が射撃している様子が見えて、「今日も演習かな」と思いましたね。ところが、ラジオで「This is the real McCoy! Not a sham battle!」（これは本当の攻撃だ！　演習ではない！）と繰り返されるのを聞いて驚いたよ。軍のジープとすれ違う時に、家に戻るように言われて慌てて家に戻り、屋根によじ登って真珠湾の方を見たの。そうしたら煙がもうもうとあがっているのが見えましたよ。町の近くに爆弾が落ちて、ふたり死にましたよ（▶13）。それはアメリカ軍の対空砲が日本軍に向けて砲撃されたけれど当らずに落ちて来たものだったの。
　まさか日本が攻めてくるなんて思わなかったね。夜、灯火管制になってはじめて実感したの。戦争だって。ぼくはクヒオの救急センターみたいな場所に通ってけが人の手当をしながら、その後2カ月間仕事をしながらセンターに毎日通って「いざ」に備えていました。当時はでたらめな噂があって、たとえば日系人が多く働いていたミルク配達人は朝早くからハワイ中を動いているから彼らが日本軍の攻撃案内をしたとかね（▶16）。二世は日本の攻撃後、困っていましたよ。道で会っても日本人流の振る舞いはその後、ストップしてました。日本人と思われることが気になったからね。ぼくは1944年に入隊して、軍事情報局MIS（Military Intelligent Service）に入った（▶17）。MISは秘密組織で、戦後しばらくたっても、公けにされなかったのね。そこには日系二世が集まって、朝6時から夜の8時まで日本語猛特訓をした。教材は普通の日本語だけでなく日本軍用語や書類だったの。終戦時にはフィリピンのマニラにいて、前線で日本軍の通信傍受翻訳や書類翻訳をしていました。二世の

仲間で戦死した仲間もいた。それが運命。仕事の担当がぼくだったらぼくが戦死していた。終戦直後、マニラで偶然の出来事が起こって、戦争前に日本に行って二世と結婚した姉の夫が日本軍属の通訳としてマニラにいたの。彼がそっと姉の旧姓のタカムラを知っているかとぼくに聞いたから驚いた。ふたりとも感激したけれど、当時敵味方の立場だから複雑だった。姉の消息と住所だけ確認できたからよかった。

　それからぼくは横浜に行った。戦艦ミズーリ（▶20）の上で日本が降伏文書に調印した時にアメリカ軍として通訳をしていた。1945年9月6日に東京に入って、戦後処理の仕事をしたのね。GHQにいたの。当時、東京は焼け野原で横浜から東京が見えた。

　電車にのっている時のこと。人びとが窓の外に向かってお辞儀をしているので不思議に思ったら、明治神宮の森が見えたの。戦後、そういう気持ちの人がまだたくさんいましたよ。

　ぼくの兄はハワイ大学を卒業してから早稲田大学に留学をしていたの。その時に戦争になって、二重国籍をもっている兄は日本軍に招集されて、沖縄で戦死した。この話はあまりしたくない。1940年にハワイで兄と別れてから会っていないし、戦争になってから音信も途絶え、どんな気持ちで最後を迎えたか想像できない。大学教育まで受けたアメリカ人なのに。弟は真珠湾攻撃の後、442部隊に志願してビルマにも出撃していたよ。

　両親は兄弟の運命を思ってそれはつらかっただろうね（▶17）。父は日露戦争中ハワイへ来た。旅券では農業従事になっていたけれど、実際は農業をしていない。ハワイで洋服店をしていた。母の父は官約移民（▶42）としてハワイに来て、母はハワイで生まれて日本に戻ったけれど、ハワイで生まれた証明がなかったものだから、写真花嫁として日本人としてまたハワイにやってきた。そして1920年にホノルルでぼくは生まれたの。父はぼくに日本とハワイの架け橋になるよう言っていた。

　今はハワイのプランテーションビレッジで日本からのお客さんにボランティアでガイドをしています。日本の若い人たちの中に同じアジアの国や人に対して軽んじている雰囲気をたまに感じるの。おかしいね。ハワイでは肌の色もいろいろだし、ルーツもいろいろだけれどみんな平等。

（日本語インタビュー）

Ⅲ部　イントロダクション to ハワイ

1．ハワイってどんなところ？

　ハワイ諸島は、南東から北西に2700キロにわたって連なる長い火山列島で、130余りの島によって構成される。しかし、これらの島の中で現在人が生活しているのは、地図の中のハワイ、マウイ、ラナイ、モロカイ、オアフ、カウアイ、ニイハウの七つで、他は環礁や岩礁である。ハワイ諸島の総面積は、約1万7000平方キロで、だいたい日本の四国の面積ほどである。2012年現在のハワイの総人口は約140万人で、その約70％がオアフ島に住んでいる。

　面積の最も大きいハワイ島は「ビッグ・アイランド」と呼ばれ、中央にはマウナロア、マウナケアの4000メートル級の山がそびえ、マウナケア山頂には日本を含む世界11カ国の天体観測所が置かれている。マウイ島は「バレー・アイランド」と呼ばれ、深い谷が多く世界最大の火山ハレアカラがある。たくさんの白い砂浜があるオアフ島は観光地として有名で、多くの観光客が集まるホノルルや真珠湾はこの島にある。カウアイ島は「ガーデン・アイランド」とも呼ばれ、自然に恵まれ『南太平洋』『ブルー・ハワイ』や『ジュラシック・パーク』といった有名な映画が撮影された。ニイハウ島は個人が所有する島で、原則として外部の人は入れず、島民は今でもハワイ語を話し伝統を大切にする生活をしている。

　「ハワイ」という名称の由来は様々な説があり定かではない。ハワイ・ロアという名前のポリネシア人が最初にハワイ諸島を発見したことに由来するという説や、ポリネシア系の人びとの「故郷」とされる「ハワイキ」に由来するという説もある。今日はハワイ語本来の発音を尊

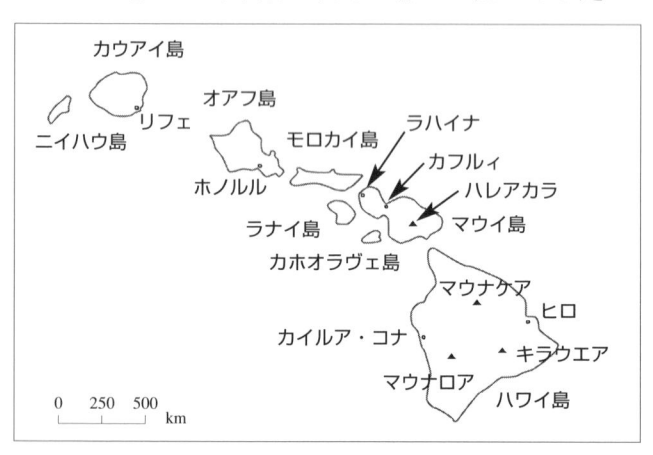

重し、ハワイは Hawai'i と記され、「ハワイィ」「ハヴァイィ」などと発音されることが多い。

　最初にハワイに人が渡ったのは、西暦300年から750年くらいの間だといわれている。西欧世界にハワイ諸島の存在が知られるようになるのはイギリスの軍人ジェームス・クックがハワイにやって来てからである。クックは1778年11月20日、カウアイ島のワイメア港に初めて上陸した。彼は後援者の海軍大臣サンドイッチ伯爵にちなみハワイ諸島をサンドイッチ諸島（▶28）と名づけた。それ以降、ハワイには欧米の物資や思想、世界各地からの移民が流入するようになった。

　クックがハワイに到着した18世紀末まで、島々は「ハワイ」という名のもとには統一されておらず、強大な権力を持つ複数の王によって分割統治されていた。その王の1人カラニオプウの甥であったカメハメハは、西洋から軍事顧問を迎え入れ、白人の持つ武器の知識と技術を駆使し最後の戦いに勝利して1810年にハワイ諸島の統一を達成した。ハワイ王国初代の国王となったカメハメハは中央集権の国づくりを進めた。この統一王国は、1893年に白人たちのクーデターによって倒されるまで83年にわたって続いた。その後、ハワイは1898年にアメリカ合衆国によって併合された。

　併合後のハワイは合衆国の準州として扱われ本土並みの権利が与えられなかった。そのような中、戦後ハワイの住人たちは、州昇格のための運動を続け、1959年3月、ハワイは正式に合衆国の一部となった。現在のハワイ州旗は、1816年にイギリス人のジョージ・ベックリーによって考案されたもので、左上に英国旗、右と下に合衆国旗を合体させたデザインで、8本のストライプはハワイの主要8島を表しており、ハワイ王国の国旗として使用されていたものである。

ハワイ州旗

　今日ハワイは、合衆国の中でも最も多様な文化を持つ人びとが集まる多文化社会を形作っている。ハワイ州人口の38.5%がアジア系（内、日系人14%）（▶42）、ヨーロッパ系26%、ハワイ先住民10%（▶14）、ヒスパニック9%、アフリカ系2%である。このような中で、ハワイでは多様な文化が交流、融合しながら常に新しい文化（local culture）が創造されてきている（▶43）。

2．ハワイの日系人

　2010年の国勢調査によると、現在ハワイには全人口の約14％に当たる18.5万人の日系人（▶16、28、32、36、41）が暮らしている。では、なぜハワイに日系人が多く住んでいるのだろうか。
　19世紀半ば以降、精糖業が主要産業としての基盤を築き始めていたハワイでは、労働力不足を解消するために安い賃金労働者が必要とされていた。そのような中、1868年、日本人最初の海外移住者約150人が砂糖きびプランテーションの労働者としてハワイに渡った。1868年がちょうど明治元年にあたることから彼らは「元年者」（がんねんもの）と呼ばれた。1881年には、ハワイ国王カラカウアが来日して、中国人に代わる労働力を求めて日本人の移民誘致を日本政府と交渉した。それによって1885年には政府間の契約による「官約移民」約1930人が、主に当時の不況による経済的理由から故郷を離れ、1894年に官約移民制度が廃止されるまでに、26船約2万9000人がハワイへ移住した。その後は民間の移民会社が移民を斡旋するようになり、広島、山口、沖縄、熊本などから多くの人びとがハワイに移住し、その数は、1924年の移民法により日本人の移住が事実上不可能になるまで約22万人にのぼった。
　第二次世界大戦期は日系人にとって最もつらい時期であった。1941年12月7日（現地時間）、日本軍による真珠湾攻撃（▶8）が行われた直後、ハワイでは直ちに戒厳令がしかれ、日本語新聞の発行や日本語によるラジオ放送は禁止され、日本語学校は閉鎖された。翌1942年2月19日には「大統領行政命令9066号」が出され、アメリカ西海岸に居住していた約12万人の日系人は、アメリカ国内10カ所に点在した強制収容所に収容された（▶16、33）。しかし、ハワイの日系人の多くは収容をまぬがれた。それは、当時ハワイ全人口の40％近くを占めている日系人を強制的に隔離することによる地元の経済に与える影響の大きさを考えたからである。
　戦時中アメリカへの忠誠心を疑問視された日系人の中には、アメリカの戦争遂行に進んで協力し、従軍するものもいた（▶17）。約1300人のハワイ二世がアメリカ陸軍第100歩兵大隊所属の兵士となり、やがて彼らと本土の二世兵

士が加わって第442部隊が編成された（▶32、47）。ヨーロッパ戦線に送られ多くの戦死者を出して勇敢に戦った442部隊は、アメリカ陸軍史上最も勲章を受けた部隊と呼ばれ、彼ら日系人が示したアメリカへの忠誠心とヨーロッパ戦線での活躍は、日系人に対する評価を大きく変えることになった。

終戦後、多くの日系人は努力によって急速に自己の生活を再建し、目覚しい発展を遂げた。1954年のハワイ州議会選挙では、日系アメリカ人14名が当選し、ハワイが州に昇格した1959年にはダニエル・イノウエ（▶17）が日系人としてはじめて下院議員に、1962年には上院議員に当選した。その後、1964年には、パツィ・タケモト・ミンクがアジア系女性初の連邦下院議員に当選した。さらに、1974年には、ジョージ・アリヨシが日系人としてはじめてハワイ州知事に選出されるなど、日系人の地位は徐々に向上していった。

ハワイ島出身のエリソン・オニヅカは、日系人最初のNASAの宇宙飛行士となり、1986年1月28日、二度目に搭乗したスペースシャトル・チャレンジャー号の爆発事故で死亡した。ロサンゼルスのリトル・トーキョーには、彼を偲んで名づけられた「オニヅカ・ストリート」がある。

今日、日系社会の中心は三世、四世となり、日本語を話せる人の方が少なくなってきている。また近年、日系の若者の間では、日系人以外と結婚する率が高くなってきている。そのような中で、最近の若い日系世代は、「ジャパニーズ」という意識とともに、ハワイという土地に根ざし、多様な文化が接触、ミックスすることによって生まれたハワイの独自の文化を共有する「ローカル」という意識を大切にするようになってきている（▶41）。

六世が誕生したハワイの日系大家族（JICA横浜移住資料館提供）

3．タパからアロハまで

　ポリネシアの文化を源流に持つハワイ（▶14）では、木の樹皮を叩いて伸ばした「タパ」（ハワイ語でカパ）という布のようなものを用いてきた。「タパ」は祖先からの衣料であるとともに文化として受け継がれ、現在でも先住民の祈りの地ヘイアウなどでフラを踊るときに身につけられる。また、ハワイアンキルトの幾何学模様はタパに描かれる模様に共通点があるという。

木の樹皮からつくられるタパ

　1820年代にやってきたキリスト教宣教師たちは、タパを巻いただけの格好に対し「肌の露出は好ましくない」と感じた。そこで、欧米で人気だったハイネックと丈長のスカート、フリル付き長袖、ふくよかな体型をカバーするウエストなしのデザインの服が作られた。身動きがしやすく、ハワイ語で「歩く・動く」を意味する「ホロ」、「立つ」を意味する「ク」が合わさり、ホロクと呼ばれた。そして暑い気候とさらに動作を容易にするために、袖を短く、首周りを大きく、丈を短くした。ホロクのデザインをもとにムウムウが誕生した。「切る」を意味するハワイ語は「ムウムウ」muʻumuʻu である。

　19世紀末、多国籍の人びとが働いていたプランテーションでは、日本人移民は（▶16、42）当初着物に前掛けを付けて働いていたが、そのうち、着物をシャツ風にリフォームして着るようになった。スタンドカラー風のデザインはチャイナ服に起源を持ち、たもとのない袖や袖口の始末は西洋風シャツに影響を受けているとも言われる。20世紀中頃から「パラカ」と呼ばれる柄の布が日本の木綿絣にデザ

「パラカ」で製縫したシャツ（復元）

インが似ていることから日系人の間で人気があり、パラカを用いた開襟シャツが20世紀中頃〜戦後のプランテーションで流行した。現在ではパラカ柄の布はテーブルクロス等に愛用されている。

現在、ハワイでフォーマルウエアとしても通っているアロハシャツは、日本人移民が着物を開襟シャツ風にリフォームしたり、着物用布をシャツ風に仕立てたりするようになったことから生まれたと言われている。1904年に東京出身の最初の官約移民（▶42）の宮本長太郎が創業した「ムサシヤ」では、着物の反物を使ってシャツを製造していた。1915年には長太郎の長男孝一郎が「ムサシヤ・ショーテン」として店をつぎ、さらに普及させた1930年代になると和柄の開襟シャツをアロハシャツと呼ぶこともあった。その後、1937年に中国系商人エラリー・J・チャンが「アロハシャツ」の商標登録を申請し、20年間の独占利用期間があった。第二次世界大戦後15年ほどアロハシャツブームが続く中で、日系や中国系の仕立て屋がアロハ人気を支え、戦後は戦災を逃れた京都の友禅染業者から生地がハワイに多く輸出された記録もある。その後レーヨンやポリエステルの開発によりデザインも多様化し、現在のようにバラエティ豊かなアロハシャツが生まれた。

このようにハワイアンファッションとしてイメージされるムウムウもアロハシャツも民族文化接触の産物と言える。

アロハシャツ

人びとの集う場にみるパラカ布のテーブルクロス、アロハシャツ、ムウムウ（プランテーションビレッジにて）

3．タパからアロハまで　45

4．ハワイを食べる

　ホノルルの街を歩くと、和食、中華料理、韓国料理、ベトナム料理、とさまざまな食堂の看板を目にする。外国料理を食べることができる特別な店ではなく、庶民の店「定食屋さん」といった類いである。郊外でもこういった食堂を多く見かける。なぜハワイに各国の食堂があるのか。

　それは19世紀から20世紀のプランテーション全盛期時代にさかのぼる。プランテーション労働者としてポルトガル、中国、日本、韓国、ベトナムなどから多くの移民がハワイに流入し、自国の食文化を持ち込み定着させていった。現在でも大型ショッピングセンターのフードコートでは各国料理の店が軒をつらね、気楽に庶民の味を楽しむ事ができる。その中で「プレートランチ」や「ミックスプレート」というメニューがある。典型的なものは、一つのプレート（お皿）に、二つの山形ご飯、照り焼きチキン、焼肉、マカロニサラダ、麺、ポルトガル風ソーセージなどが盛られている。おかずを持ち寄って集まる持ち寄りパーティではハワイアン料理も登場し、賑やかなプレートランチができあがる。各国の食がミックスされたこのメニューはプランテーションで生まれた。労働者は二層式のアルマイト製弁当缶に下段にご飯、上段におかずを入れて昼食を持参した。多様な国からの移民が昼食時におかずを交換し合い、一つの器に多様な国のおかずが集まるミックスプレートが誕生したのである*。

典型的なミックスプレート

プレートランチ

プランテーションで使用された弁当缶

＊　JICA横浜海外移住資料館ではハワイ移民の文化保持・変容をわかりやすく描いた紙芝居『弁当からミックスプレートへ』などの貸し出しを行っている。

ミックスされた食はサイミンと呼ばれるスープ麺にも見られる。エビから出し汁がとられ、中国の麺、日本のラーメン、フィリピンのパンシット麺に由来するもので、「細麺」と漢字があてられ、日本人移民から広がったともいわれる。オアフ島のワイパフにあるハワイ・プランテーションビレッジには、1932年から1954年まで経営されていたシロマサイミン店の建物が保存されており当時の面影が忍ばれる。サイミンはフードコートやファーストフード店のメニューにある。

ハムラサイミン店にて（カウアイ島）

　日系人が多いハワイでは、コンビニエンスストアやスーパーで見かけるチョコレートモチ、スパムむすびなどに日系人の食文化の維持と変容を見ることができる。チョコレートパウダーと餅粉を使って作られた主食兼デザートのチョコレートモチの他、バターモチやココナッツモチというバージョンもある。スパムむすびは、白いご飯の上に焼いたスパムをのせてのりで巻いたものである。これらは日系人が集まるマーケットやボン・ダンスなどのイベントには必ず登場する。

　近年ハワイアンフードとして人気の「ロコ・モコ」はハンバーグ目玉焼丼のグレービーソースがけである。この「ロコ・モコ」は1951年、高校生が35セントで食べられるものを注文した時に日系二世のイノウエ夫妻によって創作された。ご飯に何かをのせて食べる「丼」の発想と、グレービーソースをかける西洋料理的な発想の融合である。ロコ・モコは地域で大人気となり、いくつかの食堂でロコ・モコが出されるようになり、当時から営業を続けている「カフェ100」では現在も人気のメニューである。「カフェ100」は創業者リチャード・ミヤギが真珠湾攻撃後ハワイ100大隊（後に442部隊に再編）に所属したことに由来する。今でも店頭には若かりし日のミヤギ氏の軍服姿の写真が飾られている。彼らにとって「100大隊、442部隊の一員であったこと」（▶17、32、42）は誇りなのである。

スパムムスビ

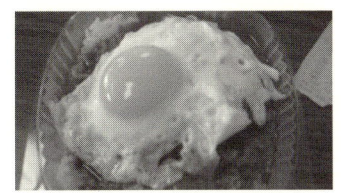

「カフェ100」のロコ・モコ

4．ハワイを食べる

5．ハワイアンを聴こう

　もともとハワイには今日のような「音楽」は存在しなかった。18世紀に欧米人が到来する以前（▶14）、ハワイの人びとは「メレ」と呼ばれる詩を唱えていた。島々の神話、戦いの記録、偉大な王、あるいは豊作の祈願や王子の誕生祝いなど、いろいろな種類があった。またこのメレに合わせて、踊りが演じられることもあった。詩の内容を身体の動きでも表現するこの踊りは「フラ」と呼ばれた。今日のフラの起源である。

　欧米人がやって来ると、ハワイに賛美歌がもたらされた。西洋の音階がハワイに紹介されたのである。また、19世紀にはいると、今日のカリフォルニア州からメキシコ人がハワイに渡った。かれらは「パニオロ」と呼ばれるカウボーイたちで、ハワイの広大な牧場で馬に乗り、牛を追っていた。夜になると星空の下で火をおこし、ギターを弾いて歌を歌ったという。ハワイアンはメキシコ人からギターと裏声を使って歌うファルセット・ヴォイスを学んだ。とくにその後ハワイでは「オープン・チューニング」（弦を押さえなくてもあらかじめコードができているようにする方法）という独特のチューニングが広まり、「スラック・キー・ギター」として知られるようになった。

スラック・キー・ギターの名手、ギャビー・パヒヌイ（©1977,1992 Panini Record）

スチール・ギターの名手、ソル・フープ（©1991 Rounder Records corp.）

　19世紀後半になると、ハワイに世界各地から移民が集まってきて、世界の音楽がハワイにもたらされるようになった。なかでも1879年に最初の一団が到着したポルトガル人は、「ブラギーニャ」という小型の弦楽器を持ち込ん

灰田勝彦・晴彦兄弟のモアナ・グリークラブ（©2000 Victor Entertainment, Inc., Japan）

だ。これが後に「ウクレレ」という独特の楽器へと進化し、ハワイの音楽シーンに大きな影響を与えることになった。

さらに19世紀末から20世紀にかけてハワイで広まったユニークな楽器にスチール・ギターがある。スチール弦のギターを横置きにして、左手にバーを持ち、弦の上をスライドさせながら右手でピックを使って弾く。スチール・ギターはその後ハワイアンのみならず、アメリカのカントリー・ミュージックでも取り入れられ、全米に広まった。

以上のスラック・キー・ギター、ファルセット・ヴォイス、ウクレレ、スチール・ギターはハワイ音楽の基本要素と言っても差し支えないだろう。これらの要素が組み合わさり、ハワイ独特のハワイアン・サウンドが生み出された。

20世紀に入るとハワイアンのレコードがアメリカで大変な人気を呼び、なかでも美しいハワイ・イメージをハワイアン・メロディに合わせて英語で歌いあげるハパ・ハオレ・ソングが次次と全米でヒットした。

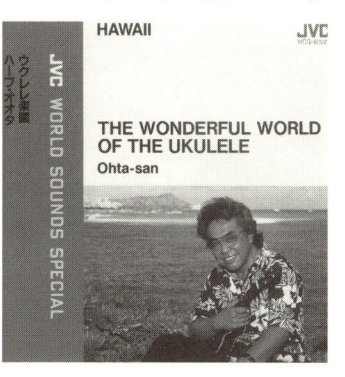

ウクレレの第一人者、オータサン（©1997 Victor Entertainment, Inc., Japan）

また日本でも1930年代になると灰田勝彦・晴彦やバッキー白片などのハワイ生まれの日系二世が日本にハワイアン・サウンドを紹介し、ハワイアンが盛んに聞かれるようになった。この流行は太平洋戦争後にも続き、1950年代になるとハワイの音楽は一大ブームにすらなった。

このようにハワイの音楽は長いあいだ多くの人びとに親しまれてきた。今日もハワイの音楽シーンは非常に活発であり、その内容もますます多様になってきている。伝統的なハワイアン・サウンドに加え、ロック、クラシック、レゲエ、ジャズなど他の音楽ジャンルの音やリズムを取り入れる動きも盛んだ。ミュージシャンの数も多く、かれらはハワイのみならず、アメリカ本土や日本などでも人気だ。ハワイは人口120万ほどの小さな島だが、その音楽はグローバルな影響力を誇る音である。

6．ボン・ダンスシーズンがやってきた

　ハワイでは6月から9月にかけて各地の仏教系寺院などを会場にしてボン・ダンスが盛り上がりを見せる。夕方になると会場には思い思いのハッピや浴衣、着物をきた老若男女が集まってきて賑やかになる。屋台コーナーでは、スパムむすびやモチ、焼きそばなどが並ぶ。

寺院駐車場にやぐらが組まれる

　在ホノルル日本国総領事館の海側にある曹洞宗ハワイ別院正法寺（Soto Mission of Hawaii Bestuin Shoboji）は1903年に日本人移民（▶16、42）を援助するために開かれた寺である。午後7時、本堂の奥から読経が響き、集まった人びとは起立をして本堂の方を向き礼拝をする。しばらくして本堂から住職や檀家らしき人びとが出てくると、ボン・ダンス会場に設置された櫓から威勢のいい英語でボン・ダンス開会が宣言され、音頭が始まる。揃いの衣装を身につけたボン・ダンス・クラブの人たちが踊り出す。ハワイ各地にボン・ダンス・クラブがあり、週に1回程度集まり、日頃から練習を重ねている。ホノルルの大きなクラブには「福島ボン・ダンス・クラブ」「岩国ボン・ダンス・クラブ」などがある。2006年の夏、岩国ボン・ダンス・クラブ所属の日系三世の青年が櫓の上で岩国音頭を歌う大仕事を任された。日本語を話さない青年が立派に岩国音頭を歌い上げ、三世からの祝福を受けていた。

トロピカルな風合いの着物

　どの会場でも、たいていは地域のボン・ダンス・クラブが踊りをリードし、開始当初は一般参加をする人びとは見学をしている。一般参加が呼びかけら

れる頃には会場には大勢の人が集まっていて踊りの輪は何重にもなる。参加者は日系人のみならず、ヨーロッパ系、ハワイアン、他アジア系などさまざまである。曲目は「福島音頭」「岩国音頭」「炭坑節」「ズンパ節」「踊るポンポコリン」、氷川きよしが歌う「ズンドコ節」までバラエティに富んでいる。踊りが続く中で、日系議員が挨拶回りをすることもある。いくつもの会場で見かけるボン・ダンスの愛好家もいて、週末毎に踊りにくるという人もいる。

沖縄系の踊りを踊るポリネシア系の人

　ハワイのボン・ダンスの特徴は、途中でショータイムがあることである。大学生太鼓グループの発表があったり、エイサーが披露されたりする。時には中国風獅子舞が登場することもある。沖縄系移民が集住していた地区の会場では、子どものエイサー、大人のエイサーなどが披露され、続く音頭も沖縄流のものが続く。会場寺院の集会室やホールでエイサーの準備をしている子どもたちを取り巻く指導者や母親たちの姿は、ステップの確認、衣装のチェック、写真撮影と、さながら発表会前の舞台裏の様である。そこには「オキナワン」としての誇りがある。

　ボン・ダンス会場で入手できるオリジナルの手ぬぐいがある。任意の額のお布施をすることでいただく場合と、販売ブースにて1本4ドル前後で購入する場合がある。寺院の宗派や会場となるセンターによってそれぞれデザインされ、ハワイだけでなく、日本で受注生産されるものもある。手ぬぐい踊りなどで活用され、収益はボン・ダンスの運営資金などに当てられる。

　近年の日本の盆踊りは高齢化して小規模化しているが、ハワイの場合、日系コミュニティの社交の場であり、アイデンティティが複合化する中での自己表現の場でもあり、活気づいた熱い夏の夜が週末毎に島のどこかで繰り広げられている。

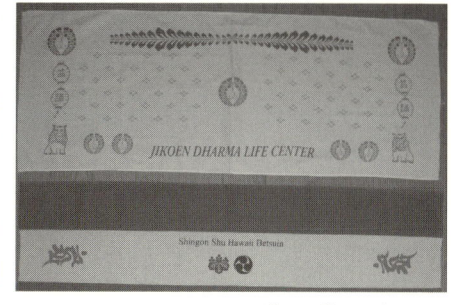

ボン・ダンス手ぬぐい

7．日系人墓地を歩く

　日系人（▶16、42）が多いハワイには日系人の墓も多い。マウイ島のハナカオ墓地にも多くの日系人の墓がある。この墓地は20世紀初頭の墓碑が多く、石で塚をつくるか木の墓標をたてただけのものが中心であったようだ。手入れがされていない墓が目立ち荒涼とした雰囲気から、子孫の多くはこの地を離れていることが予想される。墓地の横はビーチの駐車場が広がり、若者が大音響でカーステレオをならして賑やかに談笑していて、対照的な雰囲気が並存するこの空間には、過去と現在が同居している。過去と現在をつないでいるのが8月の盆の時期にそっとおかれた提灯かもしれない。

ハナカオ墓地

盆の時期におかれた提灯

　ハワイに移民した後、多くの日本人／日系人は本土に渡り、無縁仏となってしまった墓も多い。ハワイ島ヒロのダウンタウンから14マイル離れた所に位置する14マイル墓地は、手入れがされている一部をのぞいて草に覆われ、全く墓の姿は見えない状況になっている。地域在住の日本人や日系人がボランティアで手入れをしてきたが継続的な手入れができず、「墓守」をどうするかという問題は日本だけではなくハワイにおいても起こっている。

　ハワイ島の日系移民が上陸した昔の桟橋跡近くにあるアラエ墓地は規模が大きく、海にむかって丘一面に墓石が並んでいる。青い空、青い海、緑の芝生の中に整然と並ぶ様相は美しい。盆の時期にはお供え物、花、提灯がおかれる。立派な墓石が多く、名前、戒名、出生、出身地だけでなく、日本の故

郷（本籍）の住所まで書かれているものもある。漢字だけでなく、名前はローマ字、日付は英語表記も付けられている。たとえば「山口縣大島郡和田村（以下略）山下國松六十一才　フサ五十六才　豊一才　隆二才　ツヤ子三十四才　Thomas K.1919-2005」とある。

ハワイ島ヒロのアラエ墓地

墓石によると國松は1881年生まれである。三男一女が生まれるが二男三男は幼くして亡くなってしまっている。長男のThomasは弟ふたりと両親、妹を見送ってから亡くなり、自分の墓碑には漢字を刻んでいない。

この墓地の特徴として同じ出身地の墓がまとまって存在している。広島、山口、熊本、と墓の県人会のようである。墓石を読まずとも一目で地域性が分かるのが沖縄系移民の墓で、沖縄らしい亀甲墓が集まっている。また、この墓地には韓国系移民の墓もあり、地元住人の説明によると日韓両移民が日本と韓国の方角の海を眺めて眠っているという。

日系移民の墓石を眺めていると、元号表記のものと西暦表記のものがある。古いものは元号が多く、新しいものは西暦表記であるが、これは時代の流れであろうか。後藤は「真珠湾攻撃を境に天皇制の象徴である元号表記から、西暦表記に変化したのではないか。『昭和20年』と『1945年』とでは意味が違う*」と述べている。真珠湾攻撃が日系人社会に与えた影響が墓にも見られる。

ホノルルの国立太平洋戦没者慰霊墓園パンチボウル（Punchbowl）（▶33）には、第二次世界大戦、朝鮮戦争、ベトナム戦争、湾岸戦争で戦死した兵士が眠っている。そこに1941年12月7日の日付が刻まれている墓がある。眠っている人物はUnknown（無名兵士）。

真珠湾攻撃で亡くなったのは日米の兵士だけではなかった。米軍の迎撃弾によって亡くなった一般人もいた（▶13）。

パンチボウル無名兵士の墓

＊　後藤明「日系人の墓」後藤明・松原好次・塩谷亨編著『ハワイ研究への招待—フィールドワークから見える新しいハワイ像—』関西学院大学出版会、2004年、199頁。

おわりに

　1941年の真珠湾攻撃を論じる本書の刊行は実に歓迎すべき出来事である。
　国家というのはいつも選択的に過去を記憶するものだ。国にとって都合の良いことは記憶をして、そうでないことは静かに忘れ去るというのは、どこの国でも見られることである。国の歴史を学ぶ人びとは、「国家のめがね」とも言うべきものをかけ、特定の事柄はしっかりと見すえつつも、他はぼんやりとしかとらえないことが多い。この「国家のめがね」はとても効果的に作用するので、自分がそれをかけていることにすら気づかないことがある。人びとは自分たちが目にすることが、世界の真実だと思い込んでしまう。
　同じ事柄を異なる国に住む人びとがどのように理解するかについて考えてみると、この「国家のめがね」を具体的に感じることができるだろう。たとえばアジア太平洋戦争（アメリカでは一般的に「第二次世界大戦」と呼ばれる）についてみてみると、日米の「国家のめがね」の違いが、この戦争の理解の仕方に大きな違いをもたらしていることがわかる。とりわけ真珠湾と広島・長崎という、戦争の始まりと終わりを象徴するふたつの悲劇的な事件は、それぞれの国できわめて異なった描写をされ続けている。当然、これらの出来事は、日米両国でずいぶんと違う理解をされている。大江健三郎をはじめとする識者が指摘するように、アメリカ人は真珠湾を、日本人は広島と長崎を記憶するのだ。
　真珠湾と原爆投下というふたつの密接に関連した出来事が、なぜこれほどまでに日米で異なって記憶されるのだろうか。理由は数多く考えられるが、ひとつの大きな原因は、国家というものが、自国民の苦しみを記憶するいっぽうで、他の国に住む人びとの被害については無関心である傾向が強いからだろう。アメリカ合衆国では、真珠湾を記念するために、公的な記念碑やさまざまな式典などがある。しかし原爆のことはそれほど語られない。いっぽう広島と長崎をはじめとする日本各地には原爆を記憶するものが多数存在し、さまざまな記念行事や研修旅行なども盛んである。
　このような違いは教育システムから生じることが多い。教育は国の歴史を子どもたちに教えるからだ。この本はそのようなことをふまえて、三名の日

本の著者が、実際に真珠湾を訪れ、アメリカの教育者と何度も対話して、新たな視点から真珠湾攻撃を描いたものである。

　著者たちはここ数年、日米の教育者が真珠湾攻撃について協力して学ぶプロジェクトの創設と運営に関わってきた研究者である。この「教育者のための真珠湾プログラム」は2004年にアメリカの教員向けに開始された。当初は全米人文学基金の助成を得て、アメリカの生徒たちがハワイと真珠湾攻撃の歴史を学ぶために始められたものだった。しかしその翌年からは日本の教員も招待され、ふたつの国の教育者が同じ歴史的事件について、それぞれ異なった視点から話し合う場になったのである。

　この教育プログラムでは毎年、日米の教師たちが真珠湾攻撃の様子をつぶさに学ぶ。アメリカ人の死者を追悼する記念碑を訪れ、攻撃を実際に体験した兵士や一般市民の話に耳を傾ける。この書に紹介されているエヴェレット・ハイランド、エド・イチヤマ、ソウジロウ・タカムラ氏らの話を直接聞くのは実に感動的な体験であり、歴史を生きたものにしてくれる。このような戦争の口述史は、個人の歴史が国境の中だけに限定されるものではないことを示している。

　また真珠湾の意味は国家の中でも常に同じなわけではない。真珠湾は単に攻撃の場ではなく、ネイティヴ・ハワイアンにとっては聖なる所だ。日系アメリカ人にとって真珠湾は、連邦政府によるひどい差別政策の始まりを意味した。「敵」として強制的に収容された日系人が数多くいた。その一方で、イチヤマ氏やタカムラ氏のような日系アメリカ人の若者は、アメリカに忠誠を示すためにアメリカ軍に志願したのだった。

　この本は歴史を学ぶという行為が、終わることのない営みであることを示している。日米の教師が真珠湾について話し合うようになるまでに60年以上もの年月を要した。攻撃から65年を経過した今でも、政治状況や国民感情、あるいは言語の差があるために、日米間の真珠湾をめぐる話し合いは容易なことではない。そのようななか、本書は日本の読者がより多様な視点から真珠湾をとらえ、新たな歴史理解を切りひらくための、大切な手がかりとなるものだ。

　　　　ジェフリー・ホワイト（Geoffrey White）（ハワイ・東西センター上級研究員）

ハワイ・真珠湾関連年表

年代	年号	日本の出来事	ハワイ・真珠湾に関する出来事	アメリカ本土及び世界の主な出来事
1868	明治元	明治維新	・アメリカ人ヴァン・リードの斡旋でハワイ出稼ぎ移民153人がハワイに到着する（元年者）	大陸横断鉄道完成（1869）
1881	14		・ハワイ国王デビッド・カラカウアが来日し、移民誘致を日本政府と交渉	
1882	15		・ハワイ公使ジョン・カペナが来日し、日本移民誘致を日本政府と交渉	
1885	18		・ハワイ官約移民開始（約1930人がホノルルに到着）	
1893	26		・ハワイ王朝が白人住人のクーデターで崩壊に追い込まれる	
1894	27	日清戦争	・ハワイ共和国成立	
1895	28		・アメリカ本土日本人6000人に達する。ホノルルに日本語学校を開設	
1898	31		・1891年以降の日本人移民12万5000人 ・アメリカに合併される	米西戦争
1899	32		・日本政府、ハワイ行き契約移民禁止	
1900	33		・初の沖縄県移民ホノルルへ到着	
1904	37	日露戦争		
1907	40		・この年までに約3万8000人のハワイ日本移民がアメリカ本土に転航	
1909	42	韓国併合（1910）	・ハワイ日本人移民、約7000人がストライキ、日本移民ハワイからの転航禁止	
1913	大正2		**・真珠湾のドックが完成**	第一次世界大戦開戦（1914）
1920	9		・日本政府、写真花嫁の渡米を禁止	国際連盟発足
1924	13		・排日移民法が実施され合衆国への移民が不可能に	世界恐慌（1929）
1941	昭和16	11/26 艦隊が択捉島からハワイに向けて出発 12/8 真珠湾攻撃	**・12/7 真珠湾攻撃** ・FBIにより日系人指導者が拘束、逮捕	米対日宣戦布告
1942	17	映画『ハワイ・マレー沖海戦』公開	・ルーズヴェルト大統領が大統領行政命令9066号に署名、強制収容開始	
1943	18	映画『桃太郎の海鷲』公開	・日系アメリカ人二世による第442部隊編成	映画『12月7日』がアカデミー賞を受賞
1945	20	広島・長崎に原爆投下、ポツダム宣言受諾		
1953	28	映画『太平洋の鷲』『ハワイの夜』公開		
1959	34		・ダニエル・イノウエ、日本人初の下院議員に当選	ハワイ米国50番目の州に
1960	35	映画『太平洋の嵐』公開		
1962	37	東京オリンピック（1964）	・アリゾナ・メモリアルが完成	
1970	45	映画『トラ・トラ・トラ！』公開		映画『トラ・トラ・トラ！』公開
1974	49	石油ショック（1973） ロッキード事件（1976）	・ジョージ・アリヨシ、ハワイ州知事に当選	ベトナム戦争終結（1975）
1980	55		・アリゾナ・メモリアルビジターセンターが完成	イラン・イラク戦争（〜1988）
1986	61		・スペースシャトル爆破事故でハワイ出身日系人宇宙飛行士エリソン・オニヅカ死亡	
1988	63		・強制収容された日系人への補償法成立	ベルリンの壁崩壊（1989）
1991	平成3		・50周年記念式典 ジョージ・H・ブッシュ大統領が真珠湾で演説を行う	湾岸戦争
2001	13	映画『パール・ハーバー』が公開	・60周年記念式典	9・11同時多発テロ 映画『パール・ハーバー』が公開
2006	18		・65周年記念式典	

真珠湾攻撃・ハワイをよりよく知るための参考文献

（真珠湾攻撃）
リチャード・A・ウィスニースキー『真珠湾とアリゾナ記念館―写真で見る戦史―』パシフィック・ベイスン・エンタープライゼス、1982年
佐々木隆爾他編『ドキュメント真珠湾の日』大月書店、1991年
ゴードン・W・プランゲ著、千早正隆訳『トラ・トラ・トラ―太平洋戦争はこうして始まった―』並木書房、1991年
堀江誠二・堤勝雄『ある沖縄ハワイ移民の「真珠湾（パールハーバー）」―「生みの国」と「育ちの国」のはざまで―』PHP、1991年
清水晶他『日米映画戦―パールハーバー五十周年―』青弓社、1991年
グレアム・ソールズベリー著、さくまゆみこ訳『その時ぼくはパール・ハーバーにいた』徳間書店、1994年
ロバート・B・スティネット著、妹尾作太郎監訳『真珠湾の真実―ルーズベルト欺瞞の日々―』文藝春秋、2001年
半藤一利『「真珠湾」の日』文春文庫、2003年
細谷千博・入江昭・大芝亮編『記憶としてのパールハーバー』ミネルヴァ書房、2004年
須藤眞志『真珠湾「奇襲」論争―陰謀説・通告遅延・開戦外交―』講談社、2004年
田草川弘『黒澤明vs.ハリウッド「トラ・トラ・トラ！」その謎のすべて』文藝春秋、2006年
エミリー・ローゼンバーグ著、飯倉章訳『アメリカは忘れない―記憶の中のパールハーバー―』法政大学出版局、2007年

（ハワイ）
山中速人『イメージの「楽園」―観光ハワイの文化史―』筑摩書房、1992年
山中速人『ハワイ』岩波新書、1993年
中嶋弓子『ハワイ・さまよえる楽園―民族と国家の衝突―』東京書籍、1993年
R・ロス編、畑博行・紺谷浩司監訳『ハワイ：楽園の代償』有信堂、1995年
ハロラン芙美子『ホノルルからの手紙―世界をハワイから見る―』中公新書、1995年
後藤明『ハワイ・南太平洋の神話―海と太陽、そして虹のメッセージ―』中公新書、1997年
津田道夫『ハワイ―太平洋の自然と文化の交差点―』社会評論社、1998年
池澤夏樹『ハワイイ紀行（完全版）』新潮社、2000年
近藤純夫『ハワイ・ブック―知られざる火の島を歩く―』平凡社、2001年
矢口祐人『ハワイの歴史と文化―悲劇と光のモザイクの中で―』中公新書、2002年
ハウナニ＝ケイ・トラスク著、松原好次訳『大地にしがみつけ―ハワイ先住民女性の訴え―』春風社、2002年
後藤明・松原好次・塩谷亨編著『ハワイ研究への招待―フィールドワークから見える新しいハワイ像―』関西学院大学出版会、2004年
石出みどり・石出法太『これならわかるハワイの歴史Q＆A』大月書店、2005年

（ハワイの日本人移民・日系人）
フランクリン・王堂、篠遠和子『図説ハワイ日本人史：1885-1924』ビショップ博物館出版局、1985年
ロナルド・タカキ著、富田虎男・白井洋子訳『パウ・ハナ―ハワイ移民の社会史―』刀水書房、1986年
ドウス昌代『日本の陰謀―ハワイ・オアフ島大ストライキの光と影―』文藝春秋、1991年
トミ・カイザワ・ネイフラー『引き裂かれた家族―第二次世界大戦下のハワイ日系七家族―』日本放送出版協会、1992年
高木眞理子『日系アメリカ人の日本観―多文化社会ハワイから―』淡交社、1992年
沖田行司『ハワイ日系移民の教育史―日米文化、その出会いと相剋―』ミネルヴァ書房、1997年
バーバラ・F・川上著、香月洋一郎訳『ハワイ日系移民の服飾史―絣からパラカへ―』平凡社、1998年
森茂岳雄、中山京子、川崎誠司『日系アメリカ人の歴史―アメリカに渡った日系移民の歩み―』全米日系人博物館、2000年
山本英政『ハワイの日本人移民―人種差別事件が語る、もうひとつの移民像―』明石書店、2005年
中山京子・森茂岳雄文、金子映夏絵『ハワイに渡った日系移民』JICA横浜海外移住資料館、2005年（紙芝居）
中山京子・森茂岳雄文、金子映夏絵『弁当からミックスプレートへ』JICA横浜海外移住資料館、2005年（紙芝居）

写真出典一覧（キャプションに併記したもの、著者本人撮影によるものを除く）

USS Arizona Memorial Photographic Archive, National Park Service, Department of the Interior
p.5,8,9,10,11,13,15,20,21,23,25,31,35
Library of Congress, Print and Photographs Division, LC-DIG-ppprs-00368
p.17

著者紹介

矢口祐人（やぐち　ゆうじん）
東京大学大学院総合文化研究科教授
専攻：アメリカ研究
主要著書
『ハワイの歴史と文化―悲劇と誇りのモザイクの中で―』（中公新書、2002年）
『ハワイ研究への招待―フィールドワークから見える新しいハワイ像―』（分担執筆、関西学院大学出版会、2004年）
『フラとハワイの歴史物語』（イカロス出版、2005年）
『現代アメリカのキーワード』（共編著、中公新書、2006年）
執筆分担：Ⅰ-1〜9, Ⅱ-2, Ⅲ-5, おわりに（翻訳）

森茂岳雄（もりも　たけお）
中央大学文学部教授
専攻：多文化教育、国際理解教育、社会科教育
主要著書：
『日系移民学習の理論と実践―グローバル教育と多文化教育をつなぐ―』（共編著、明石書店、2008年）
『学校と博物館でつくる国際理解教育―新しい学びをデザインする―』（共編著、明石書店、2009年）
『真珠湾を語る―歴史・記憶・教育―』（共編著、東京大学出版会、2011年）
『現代国際理解教育事典』（共編著、明石書店、2012年）
『国際理解教育ハンドブック―グローバル・シティズンシップを育む―』（共編著、明石書店、2015年）
『大学における多文化体験学習への挑戦―海外と国内をつなぐ学びと振り返り―』（共著、ナカニシヤ出版、2018年）
執筆分担：はじめに、Ⅰ-10, Ⅲ-1, 2

中山京子（なかやま　きょうこ）
帝京大学教育学部教授
専攻：多文化教育、国際理解教育、社会科教育
主要著書：
『日系移民学習の理論と実践―グローバル教育と多文化教育をつなぐ―』（共編、明石書店、2008年）
『入門グアム・チャモロの歴史と文化―もうひとつのグアムガイド―』（共著、明石書店、2010年）
『真珠湾を語る―歴史・記憶・教育―』（共編、東京大学出版会、2011年）
『現代国際理解教育事典』（共編、明石書店、2012年）
『グアム・サイパン・マリアナ諸島を知るための54章』（編著、明石書店、2012年）
『先住民学習とポストコロニアル』（単著、御茶の水書房、2012年）

地図・年表作成協力：進藤幸代（東京大学大学院総合文化研究科博士課程）

入門　ハワイ・真珠湾の記憶
――もうひとつのハワイガイド

2007年7月25日　初版第1刷発行
2018年4月15日　初版第3刷発行

　　著　者　矢口　祐人
　　　　　　森茂　岳雄
　　　　　　中山　京子
　　発行者　大江　道雅
　　発行所　株式会社　明石書店
　　〒101-0021　東京都千代田区外神田6-9-5
　　　　　　電　話　03（5818）1171
　　　　　　ＦＡＸ　03（5818）1174
　　　　　　振　替　00100-7-24505
　　　　　　http://www.akashi.co.jp
　　装丁　　明石書店デザイン室
　　組版　　てらいんく
　　印刷　　モリモト印刷株式会社
　　製本　　モリモト印刷株式会社

（定価はカバーに表示してあります）　　ISBN978-4-7503-2574-3

JCOPY 〈（社）出版者著作権管理機構　委託出版物〉
本書の無断複写は著作権法上での例外を除き禁じられています。複写される場合は、その
つど事前に、（社）出版者著作権管理機構（電話　03-3513-6969、FAX　03-3513-6979、
e-mail: info@jcopy.or.jp）の許諾を得てください。

エリア・スタディーズ114
ハワイを知るための60章

山本真鳥、山田 亨 編著
◎2,000円
四六判／並製／396頁

日本では観光リゾート地として人気のハワイだが、実はその歴史や社会の成り立ちについては驚くほど知られていない。歴史、地理、社会、文化、そして日本との関わりなど60のトピックからハワイの重層的な姿を描き出し、ハワイのさらなる魅力を紹介する1冊。

内容構成

はじめに

I　自然環境
　火山とプレートの移動、そして水——諸島の形成／風と雨——島嶼の自然環境をつくるもの ほか

II　ファースト・ピープル
　ポリネシア人の到来——ハワイ人の起源を探る／神々の交錯と世界の意味——ハワイ神話の世界 ほか

III　西欧世界との接触
　クック船長の来訪——近代への入り口／カメハメハ一世による統一——王朝の形成 ほか

IV　移民の歴史
　辺境の開発——プランテーション経済と移民／支配者、経営者として——白人系移民 ほか

V　合衆国併合からハワイ州誕生へ
　かなぐり捨てたモンロー主義——合衆国併合と政治制度 ほか

VI　観光開発
　ビーチとホテル——ワイキキの観光開発／楽園イメージの仕掛け——ハワイアン音楽とフラ ほか

VII　先住民運動
　アイデンティティの回復を目指して——ハワイアン・ルネサンス ほか

VIII　ハワイ社会の現在
　民主党の島じま——政治／観光立州——産業と経済／公教育とエリート教育——小中高での教育 ほか

IX　ハワイ文化の現在
　アロハシャツ・ムームー・レイ——ハワイの装い ほか

X　日本とハワイ
　「トリスを飲んでハワイへ行こう」——ハワイブームの火付け役 ほか

XI　資　料
　引用文献／参考文献／ハワイ歴代君主、ハワイ準州歴代知事、ハワイ州歴代知事 ほか

〈価格は本体価格です〉

もうひとつのグアムガイド

入門 グアム・チャモロの歴史と文化

中山京子、ロナルド T.ラグァニャ [著]

◎A5判／並製／100頁　◎1,000円

グアムは16世紀以降のスペイン支配を経て、現在はアメリカ合衆国の統治下にある。その間わずか31カ月だが、日本軍の支配下にもあった。楽しいリゾートの島として知られるグアム、その先住民チャモロの歴史と文化を中心に、人々の知られざる姿をとらえる。

● 内容構成

はじめに

Ⅰ　グアムとチャモロへのアプローチ

グアムを概観する／グアム小史／チャモロとは誰か／12月8日は「真珠湾」だけでない／忘れない「大宮島」の記憶／帰ってきてアンクル・サム／それぞれのメモリアル／急速に多文化化するグアム／植民地主義とチャモロの人々／アメリカ再統治に悩まされるチャモロの人々

Ⅱ　さまざまなメモリー

戦前、日本占領期、戦後の教育に尽くした女性(フランシスカ・Q.フランケス)／日本の名前をもつパラオ系グアメニアン(スゼッテ・キオシ・ネルソン)／土地返還を求める活動家(ロナルド・T.ラグァニャ)／現代のアイデンティティ教育を支える教師(クリストファー・カンダソ)／先祖への敬意をこめる彫刻家(グレッグ・バンゲリナン)

Ⅲ　チャモロのメモリー

チャモロの人々に伝わる神話・伝説／巨大リゾートホテル群の下に眠る遺跡／チャモロの夢をのせて航海するサイナ号／野外博物館　イナラハンの美しい文化村／チャモロの食文化とその変容／チャモロ語が響く公立学校／隣島ロタ島のチャモロの人々の想い／チャモロ語と植民地支配／おすすめチャモロ語講座

日本の読者のみなさまへ
グアムをよりよく知るための参考書籍
おわりに

〈価格は本体価格です〉

グアム・サイパン・マリアナ諸島を知るための54章
中山京子 編著
●2000円

学校と博物館でつくる国際理解教育
新しい学びをデザインする
中牧弘允、森茂岳雄、多田孝志 編著
●2800円

日系移民学習の理論と実践
グローバル教育と多文化教育をつなぐ
森茂岳雄、中山京子 編著
●6800円

ハワイの日本人移民 人種差別事件が語る、もうひとつの移民像
世界人権問題叢書55 山本英政
●2800円

日系アメリカ移民 二つの帝国のはざまで
忘れられた記憶 1868-1945
東栄一郎 著 飯野正子 監訳 飯野朋美、小澤智子、北脇実千代、長谷川寿美 訳
●4800円

まんがで学ぶ開発教育 世界と地球の困った現実
飢餓・貧困・環境破壊
日本国際飢餓対策機構 編 みなみななみ まんが
●1200円

グローバル時代の「開発」を考える
世界と関わり、共に生きるための7つのヒント
西あい、湯本浩之 編著
●2300円

多文化教育がわかる事典
ありのままに生きられる社会をめざして
松尾知明
●2800円

多文化共生キーワード事典【改訂版】
多文化共生キーワード事典編集委員会 編
●2000円

シミュレーション教材「ひょうたん島問題」
多文化共生社会ニッポンの学習課題
藤原孝章
●1800円

新たな時代のESD サステイナブルな学校を創ろう
世界のホールスクールから学ぶ
永田佳之 編著・監訳 曽我幸代 編著・訳
●2500円

身近なことから世界と私を考える授業
100円ショップ・コンビニ・牛肉・野宿問題
開発教育研究会 編
●1600円

身近なことから世界と私を考える授業II
オキナワ・多みんぞくニホン・核と温暖化
開発教育研究会 編著
●1500円

国際理解教育ハンドブック
グローバル・シティズンシップを育む
日本国際理解教育学会 編
●2500円

日韓中でつくる国際理解教育
日本国際理解教育学会 ユネスコアジア文化センター(ACCU) 共同企画 大津和子 編
●2600円

現代国際理解教育事典
日本国際理解教育学会 編
●4700円

〈価格は本体価格です〉